© 2014 Keykhosrow Mansouri, Rechteinhabers
Erste Auflage 2014

Umschlaggestaltung : Keykhosrow Mansouri
Lektorat : Keykhosrow Mansouri

Verlag : Tredition GmbH, Hamburg
Veröffentlicht in Deutschland
ISBN : 978-3-8495-7722-3

Das Werk, einschließlich seiner teile, ist urheberrechtlich geschützt. Jede Verwertung ist ohne Zustimmung des Verlages und des Autors unzulässig.Dies gilt insbesondere für die elektronische oder sonstige Vervielfältigung, Übersetzung, Verbreitung und öffentliche Zugänglichmachung.

Bibliografische Information der Deutsche Nationalbibliothek :
Die Deutsche Nationalbibliothek verzeichnet diese Publikation in der Deutschen Nationalbibliografie; detaillierte bibliografische Daten sind im Internet über http ://dnb.d-nb.de abrufbar.

INHALTSVERZEICHNIS

Der goldene Schlüssel in der Strategie

- Einführung   5 – 6
- Die Lehre   7 – 15
- Erzählungen über das Schachspiel   16 – 30
- Spielen gegen den Schachcomputer   31 – 43
- Schönste Spiele von Robert (Bobby Fischer)   44 – 55

Der silberne Schlüssel in der Strategie

- Einführung   57
- Die Lehre   58 – 78
- Einige Bespiele mit den Schachprogrammen   79 – 84
- Die besten Spiele von Paul Morphy   85 – 96

DER GOLDENE SCHLÜSSEL IN DER STRATEGIE

Steinitz, Tschigorin, Lasker, Pilsbury, Tarrasch

Howard Staunton

Alexander Aljechin gegen Max Uewe

Alexander Aljechin

Mrphys Matt

Robert (Bobby) Fischer

Boris Spaski

DER SCHLÜSSEL IN DER STRATEGIE

EINFÜHRUNG

Dieses Buch ist mein Geschenk, durch das man den wahren Schlüssel zum Schachspielen bekommt und das dazu befähigt, gegen jeden Schach-Großmeister zu gewinnen, und auch gegen jeden Schachcomputer. Wer dieses Buch liest und auch alles gut lernt, was es an Anregungen darbietet, wird selber zu einem Großmeister, der im Schachspielen jeden schlägt und der gegen jeden Weltmeister gewinnt -, wie es sonst nur die Märchen erzählen.

Das Schachspiel ist ein Brett mit acht mal acht Feldern und zweiunddreißig Figuren, davon ist die Hälfte weiß und die Hälfte schwarz. Es gibt also: einen weißen König, eine weiße Dame, zwei weiße Läufer, zwei weiße Springer, zwei weiße Türme und acht weiße Bauern; die schwarzen Figuren entsprechen den weißen.

Der weiße König steht im Feld e1, die weiße Dame steht im Feld d1, die beiden weißen Läufer stehen in den Feldern f1 und c1, die beiden weißen Springer stehen in den Feldern b1 und g1, die beiden weißen Türme stehen in den Feldern a1 und h1, und acht weiße Bauern in den Feldern: a2, b2, c2, d2, e2, f2, g2, h2.

Die schwarzen Figuren stehen auf der anderen Spielfeldhälfte den weißen spiegelbildlich gegenüber. Die schwarzen Figuren bewegen sich genau wie die weißen Figuren; alles, was die weißen Figuren können, können auch die schwarzen. Der Spieler mit den weißen Figuren fängt das Spiel an und kann also den ersten Zug machen.

Der weiße König kann sich nur sehr wenig bewegen; er kann von seinem Platz nur ein Feld weit gehen, aber in alle Richtungen: vom Feld e1 nach e2, oder von e1 nach d1 oder d2, oder von e1 nach f1 oder f2.Wenn der weiße König sich nicht bewegt hat und die Felder f1 und g1 frei sind und der rechte Turm noch auf seinem Platz steht, kann die weiße Figur eine kleine Rochade machen: dann geht der weiße König auf das Feld g1 und der weiße Turm nach f1, und das wird im Spielprotokoll so geschrieben: 0-0.

Und wenn der weiße König sich nicht bewegt hat und auf seiner linken Seite die Felder d1, c1 und b1 frei sind und der linke weiße Turm noch auf seinem Platz steht, dann kann die weiße Figur die große Rochade machen: dann geht der weiße König auf das Feld c1 und der linke weiße Turm nach d1, und das wird so notiert: 0-0-0.

Der schwarze König bei der kleinen Rochade geht vom Feld e8 zum Feld g8, und der schwarze Turm geht vom Feld h8 zum Feld f8, und bei der großen Rochade geht der schwarze König vom Feld e8 nach c8, und der schwarze Turm geht vom Feld a8 nach d8, und das wird auch genauso festgehalten wie oben bei der weißen Figur angegeben.

Der rechte weiße Läufer folgt vom Feld f1 aus den weißen diagonalen Linien, also vom Feld f1 nach a6, wenn das Feld e2 frei ist, bzw. vom Feld f1 nach h3, wenn das Feld g2 frei ist, und so immer der weißen Diagonale entlang, soweit der Weg frei ist. Der linke weiße Läufer folgt genauso den diagonalen Linien, nur der linke folgt den schwarzen Diagonalen, vom Feld c1 nach a3,wenn das Feld b2 frei ist, oder vom Feld c1 nach h6,wenn das Feld d2 frei ist.

Der linke schwarze Läufer folgt der schwarzen Diagonalen, vom Feld f8 nach a3, wenn das Feld e7 frei ist, oder vom Feld f8 nach h6, wenn das Feld g7 frei ist.

Der rechte schwarze Läufer geht die weiße Diagonale entlang, also vom Feld c8 nach a6, wenn das Feld b7 frei ist, bzw. vom Feld c8 nach h3, wenn das Feld d7 frei ist.

Der rechte weiße Springer und der linke weiße Springer springen auf die gleiche Weise, und der rechte und der linke schwarze Springer springen genau wie die weißen. Der Springer springt von seinem Platz drei Felder weiter, aber immer in der Form von einem „L": entweder ist der unten im „L", oder oben im „L". Der rechte weiße Springer läuft vom Feld g1 nach f3 oder nach h3, oder nach Feld e2. Der linke weiße Springer bewegt sich vom Feld b1 nach c3, oder nach a3, oder zum Feld d2, und der Springer springt über die auf den Zwischenfeldern stehenden Figuren, und das macht das Spiel leichter und interessanter und schöner. So springt er vom Feld f3 nach g5, vom Feld g5 nach e4, und das nur, wenn keine von den eigenen Figuren da steht, vom Feld e4 nach g5, und das nur, wenn die schwarze h- und f -Bauern nicht in der sechsten Reihe stehen, sonst geht er verloren, da diese ihn schlagen könnten.

Die Türme gehen auch, ob weiß oder schwarz, alle auf dieselbe Weise, aber nur, soweit der Weg frei ist, und zwar immer geradeaus, vom Feld a1 in Richtung a8, bzw. vom Feld a1 in Richtung h1, und nur, wenn keine von den eigenen Figuren im Wege ist, vom Feld h1 in Richtung h8 oder in Richtung a1, und vom Feld a8 in Richtung a1 oder in Richtung h8, usw.

Die weißen Bauern gehen immer ein Feld auf ihrer Linie weiter nach vorn, und das nur, wenn das Feld vor ihnen von eigenen Figuren frei ist, und schlagen die schwarzen Figuren, die auf den diagonalen Linien auf ihrer rechten oder linken Seite stehen.

Die schwarzen Bauern bewegen sich genauso auf dem Brett wie die weißen Bauern, und alle diese Bauern können nur im ersten Zug zwei Felder nach vorne gehen. Der weiße Bauer, der vom Feld e2 geht, heißt der Königsbauer; im ersten Zug kann er auf das Feld e4 gehen, und im nächsten Zug nach e5, vom Feld e4 kann er die schwarzen Figuren, die auf den Feldern f5 und d5 auf ihn zukommen, schlagen und vom Brett werfen. Wenn keine schwarzen Figuren auf den Feldern f5 und d5 auf ihn zu kommen und das Feld e5 besetzt ist, kann er nicht mehr nach vorne gehen.

Das, was für die weißen Bauern gilt, gilt entsprechend – spiegelbildlich - auch für die schwarzen. Und wenn ein Bauer das obere Feld auf seiner Linie, also den gegnerischen Spielfeldrand, erreicht, kann er mit einer Dame oder mit einer anderen beliebigen Schwerfigur eingetauscht werden.

Es kommt bei einigen Partien zu einer Situation, wo der König alle Figuren verloren hat und keinen Zug mehr machen kann. Dann wird das Spiel zum Patt erklärt, und das heißt: Unentschieden, und keiner hat gewonnen. Auch kommt es oft zu Situationen, wo der König, da er im Schach ist, keinen Zug mehr machen kann. Dann sagt man: „Matt", und der entsprechende Spieler hat das Spiel verloren; und das wird so notiert: #.

Wenn eine Figur eine andere schlägt, schreibt man: „x", oder „:", also: „exd5", oder „e:d5." Wenn eine Figur auf den König ihres Gegners zu geht und „Schach" sagt, so wird das so notiert: +. „sxf7+" heißt also: weißer Springer schlägt den Bauer f7 und sagt „Schach"!

Wenn ein Zug ein guter Zug ist, schreibt man ein „!";
Und wenn der Zug sehr gut ist, schreibt man „!!".
Wenn ein Zug schlecht ist, schreibt man „?".
Der König ist K, die Dame ist D, der Läufer ist L, der Springer ist S, und der Turm ist T. Und die Bauern werden mit den Buchstaben ihrer Felder bezeichnet:

a2, b2, c2, d2, e2, f2, g2, h2
a7, b7, c7, d7, e7, f7, g7, h7

Soviel zum Schachspielen.

DIE LEHRE

Es gibt im Schachspielen viele Verteidigungen, und zwar Verteidigungen, die Schritt für Schritt von Anfang des Spiels an gebaut werden. Eine Verteidigung wird immer mit der weißen Figur gebaut, weil sie im Spiel den ersten Zug macht und so mehr Zeit und Tempo hat. Das Geheimnis bei all diesen Verteidigungen, die mit der weißen Figur programmiert sind, ist die Königsverteidigung, das so genannte Königsgambit.

Gewiss ist das Feld f7 ein sehr wichtiger Platz für die weiße Figur, und für die schwarze Figur das Feld f2, denn wenn die weiße Figur das Feld f7 in Besitz nehmen kann, kann sie von dort aus den schwarzen König matt setzen, und wenn die schwarze Figur das Feld f2 in Besitz nimmt, kann sie von da aus die weiße Figur matt setzen.

In der Königsverteidigung will die weiße Figur zuerst die Königsstellung der schwarzen Figur zerstören und den schwarzen König herauslocken und das Feld f7 besetzen. So greift sie das Feld f7 an und baut die Verteidigung mit ihren Figuren auf das Feld f7. Dann muss die weiße Figur zwei Linien frei machen, zuerst die F-Linie, und das so, dass sie den f-Bauer im Feld f4 hingibt, und mit dem linken Läufer den schwarzen Bauer im Feld f4 schlägt und vom Brett wirft. Und dann, wenn es nötig wird, muss die weiße Figur die e-Linie auch frei machen.

Und das fängt so an:

Variante A:

1. e4   e5

2. f4   exf4

3. Sf3 g5

4. Lc4 g4

5. Lxf7+ Kxf7

Hier sagt der weiße Läufer zum schwarzen König: Schach! und greift das Feld f7 an, um es zu besetzen. So lockt er den schwarzen König von seinem Platz, denn so kann der nicht mehr Rochade machen; auch kann die weiße Figur ihn so leichter matt setzen:

6. Se5+ Ke8

7. Dxg4 d6

8. Dh5+ Ke7

9. Df7#

Und hier sagt die weiße Dame dem schwarzen König: Matt, und der Spieler mit den schwarzen Figuren verliert das Spiel.

Variante B:

7. Dxg4 Df6

8. Dh5+ Ke7

Hier ist der Zug Ke7 für die schwarze Figur der richtige Zug.

9. 0-0 Lh6   13 . Txf4

10. d4 d6

11 Sd3 Sc6

12. Lxf4 Lxf4

Hier sagt die weiße Figur zur schwarzen Dame: Garde.

13.   Dxd4+

14. Tf2 Sg-f6	19. Dxf6+ Kd7	24. Df7+ Ke4
15. Dh4 Dxb2	20. Df5+ Kd8	25. Dc4+ Ke3
16. e5 Tf8	21. Df8+ Kd7	26. Tf3+ Ke2
17. exf6+ Txf6	22. Tf7+ Ke6	27. Sb2+ K1
18. c3 Dxa1	23 Tf6+ Kd5	28. De4#

Wenn die schwarze Figur im vierten Zug ihre Dame nach e7 zieht, dann muss die weiße Figur so spielen:

4. Lc4 De7	11. Dxf3 Le6	18. Tf7+ kc8	25. Sxd6 Sxf7	32. Da8+ kc7
5. d3 d6	12. Sc3 Sc6	19. De6+ kb8	26. Sxa8+ kxa8	33. Db7#
6. h4 g4	13. Lxe6 Dxe6	20. Sf6 b6	27. Dd5+ kb8	
7. Sg5 Sh6	14. Sd5 Dc8	21. Sd7+ kb7	28. Tb3+ kc8	
8. 0-0 f3	15. Dxf7+ kd8	22. a4 a5	29. Dxf7 Te7	
9. Sxf3 gxf3	16. Df6+ kd7	23. Ta3 Te8	30. Df5+ Td7	
10. Lxh6 Lxh6	17. Dxh6 D8	24. Db3 Se5	31. Dxa4 c6	

oder so (gespielt von P. Morphy gegen T. Knight im Jahre 1856):

1. e4 e5	8. Se5 Df6	15. Lxc5+ Ke6
2. f4 exf4	9. Dh5+ Ke7	16. De8+ Se7
3. Sf3 g5	10. h4 gxh4	17. d5#

4. Lc4 De7	11. 0-0 Lh6	
5. d4 d5	12. b3 Sd7	
6. Lxd5 c6	13. La3+ c5	
7. Lxf7+ Dxf7	14. Td1 Sxe5	

Und wenn die schwarze Figur im dritten Zug ihre Dame nach e7 zieht, muss die weiße Figur so spielen:

1. e4 e5	10. Sxf7+ Kd7	19. Te3 Sd5
2. f4 exe5	11. Sc3 Db6+	20. Tb3+ Ka5
3. Sf3 De7	12. d4 Tg8	21. Ld2+ Ka4
4. Lc4 Dxe4+	13. Sa Da5	22. Ta3+ Kb5
5. Le2 Sf6	14. De2 Dxa4	23. Txa6 bxa6
6. 0-0 d7-d6	15. De6+ kc6	24. Dxb7+ Sb6
7. Te1 Db4	16. sd8+ Kb6	25. a4+ Kc4
8. Lb5+ Kd8	17. Dxc8 Da6	26. De4 Lg7
9. Sg5 Dxb5	18. Lxf4 g5	27. b3#

Das Feld e6 ist für die weiße Figur sehr wichtig, denn von dort aus kann sie auch den schwarzen König matt setzen.

Im Schachspielen darf man nicht mit den Figuren des Gegners spielen, und man darf nicht gegen sie kämpfen.

Im Schachspielen darf man auch nicht planen; wer im Schachspielen plant, verliert das Spiel, denn es kann sein, dass der Gegner richtig spielt und jedes Mal richtige Züge macht, denn es wird ein Spiel gewonnen, wenn der Gegner nicht richtig spielen kann. Mit den Fehlern des Gegners, so dass er jedes Mal falsche Züge macht, kann nicht gerechnet werden. Im Schachspielen müssen alle richtigen Züge gelernt und sogar auswendig gelernt sein.

Wer im Spiel die Züge von Anfang an in der richtigen Reihenfolge spielt, gewinnt, und wer im Schachspielen die richtigen Züge nicht weiß, verliert das Spiel. In diesem Buch werden die richtigen Züge gelehrt.

So soll die weiße Figur spielen, wenn die schwarze Figur im vierten Zug den g-Bauer auf das Feld g4 zieht (gespielt: W. Lewis gegen einen Unbekannten im Jahr 1820):

1. e4 e5	7. Dxg4 Df6	13. Lxf4 Sxd4
2. f4 exf4	8. Lc4+ Ke7	14. Dg3 Dc5
3. Sf3 g5	9. Sc3 h5	15. Lxc7+ Ke8
4. h4 g4	10. Sd5+ Kd8	16. Dg6#
5. Sg5 h6	11. Df3 Dd6	
6. Sxf7 Kxf7	12. d4 Sc6	

Oder man sollte so spielen (gespielt: P. Morphy gegen Rosou im Jahr 1849:

1. e4 e5   8. Lc4+ Ke7   15. Dxc8+ Ke7

2. f4 exf4   9. Sc3 c6   16. Sxd5+ Kd6

3. Sf3 g5   10. e5 Dxe5+   17. Dc7#

4. h4 g4   11. Kd1 Kd8

5. Sg5 h6   12. Te1 Dc5

6. Sxf7 Kxf7   13. Lxg8 d5

7. Dxg4 Df6   14. Te8+ Kxe8

Die anderen Verteidigungen, die es im Schachspielen gibt, müssen nach Königsverteidigung umgedreht werden, oder, anders gesagt, man soll die anderen Verteidigungen nach zwei Zügen ins Königsgambit umstellen, die mit 1.e2-e4 anfangen, und auch die, die mit 1.d2-d4 anfangen. Wenn im Schachspielen eine Verteidigung von Anfang an in die Königsverteidigung umgestellt wird, kann man nach ein paar Zügen sehen, dass die Züge der schwarzen Figur falsch sind, und das deshalb: die schwarze Figur spielt im Sinne ihrer Verteidigung, macht, was sie angefangen hat, weiter, und die weiße Figur verdreht das Spiel mit dem Königsgambit, und von dem Moment an gehen die Züge der schwarzen Figur in die falsche Richtung, und sie bleibt da, wo sie am Anfang war, und so hat sie im Spiel das Tempo verloren. Und wenn der Gegner im Spiel das Tempo verliert, bleibt er stehen, und er verliert auch die Zeit und das Spiel, was schon ein Geheimnis im Schachspielen ist. Die richtigen Züge der weißen Figur bringt die schwarze Figur da, wo sie keine Zeit mehr zum Nachdenken hat, in Verzug, und so verliert die schwarze Figur das Spiel.

Der Zug Sb-c3 kann im Spiel den Sieg bringen, und der Zug c2-c3 ist auch wichtig.

Hier ein Beispiel für die richtige Reihenfolge der weißen Figur: (gespielt: zwei Unbekannte im Jahr 1822):

1. e4 e5   8. Sxg5 Dxg5   15. Dxg8+ Kd7

2. f4 exf4   9. Lxf7+ Kf8   16. Tf7+ Se7

3. Sf3 g5   10. Lxg8 Txg8   17. Dxg7 Dc1+

4. Lc4 Lg7   11. Lxf4 Dxg2   18. Ke2 Dxb2+

5. d4 d6   12. Tf1 Ke7   19. Sd2 Dxa1

6. c3 Sc6   13. Lg5+ Dxg5   20. d5

7. Db3 De7   14. Df7+ Kd8   1-0

Ein gutes Beispiel für die Umstellung einer Verteidigung (gespielt: P. Morphy gegen P. Journoud im Jahr 1858):

1. e4 c5   8. Sxc3 Sc6   15. fxe5+ Ke8

2. d4 cxd4	9. Lxg8 Txg8	16. Sc7+ Dxc7
3. Sf3 e5	10. 0-0 De8	17. Dxe6+
4. Lc4 Le7	11. Sg5 Lxg5	1-0
5. c3 d6	12. Lxg5 Le6	
6. Db3 dxc3	13. Sd5 h6	
7. Lxf7+ Kf8	14. f4 Dd7	

Im Umstellen einer Verteidigung ist der Zug b4 auch ein guter Zug; wenn der Gegner seinen Läufer auf das Feld c5 zieht, dann soll die weiße Figur so spielen:

Variante A:

1. e4 e5	7. Lxf7+ Kxf7
2. Sf3 Sc6	8. Db3+ Ke8
3. Lc4 Lc5	9. Lg5 Sc-e7
4. b4 Lxb4	10. Se5 Sg-h6
5. c3 La5	11. Lxh6 gxh6
6. d4 exd4	12. Df7#

Variante B:

1. e4 e5	10. Df3 d6	19. Te3 Dxc4
2. Sf3 Sc6	11. 0-0 Sf6	20. Txe6+ Kd8
3. Lc4 Lc5	12. Sa3 dxc3	21. Dxg5+ Kc8
4. b4 Lxb4	13. Sc4 Lb4	22. Df5 Dd4+
5. c3 La5	14. h3 h6	23. Le3 Df6
6. d4 exd4	15. e5 hxg5	24. Te8#
7. Lxf7+ Kxf7	16. exf6 Dxf6	
8. Sg5+ Ke8	17. Te1+ Le6	
9. f4 De7	18. Dg4 Dd4+	

Beim Umstellen einer Verteidigung ist sehr wichtig, dass der Zug f2-f4 gespielt, die F-Linie frei gemacht wird, der Springer auf Feld f3 geht und von da, in Zusammenarbeit mit dem Läufer und mit der Dame, das Feld f7 attackiert, und der weiße König soll Rochade machen. Dagegen hat die schwarze Figur richtig zu spielen. Die richtigen Züge der schwarzen Figur sind diese: e5, De7 oder Df6, d6, Sf6, g5, Lg7, h6, Lg5, g4, Sc6 oder c7-c6.

Bei der Umstellung einer Verteidigung, die mit dem Zug d2 nach d4 anfängt, nach 1.d4, d5 2.c4, dxc4, ist der beste Zug 3.e2-e4, und wenn die schwarze Figur im dritten Zug ihren Läufer nach e6 zieht, dann zieht die weiße Figur den Damenbauer auf Feld d5; geht der schwarze

Läufer nach d7, dann schlägt der weiße Läufer den schwarzen Bauer im Feld c4; dann zieht die schwarze Figur ihren Königsbauer auf das Feld e6; dann ist der nächste Zug Sf3, und so wird das Spiel in die Königsverteidigung umgestellt.

Ein Beispiel (gespielt: L. Bourdonnais gegen A. Macdonnel im Jahr 1834):

1. d4 d5
2. c4 dxc4
3. e3 e5
4. Lxc4 exd4
5. exd4 Sf6
6. Sc3 Le7
7. Sf3 0-0
8. Le3 c6
9. h3! Sb-d7
10. Lb3 Sb6

11. 0-0 Sf-d5
12. a4 a5
13. Se5 Le6
14. Lc2 f5
15. De2 f4
16. Ld2 De8
17. Ta-e1 Lf7
18. De4! g6
19. Lxf4 Sxf4
20. Dxf4 Lc4

21. Dh6 Lxf1
22. Lxg6 hxg6
23. Sxg6 Sc8
24. Dh8+ Kf7
25. Dh7+ Kf6
26. Sf4 Ld3
27. Te6+ Kg5
28. Dh6+ Kf5
29. Te5#

Das Umstellen bei einer anderen Verteidigung sieht so aus:

Variante A:

1. e4 e5
2. Lc4 Lc5
3. De2 Sf6
4. b4 Lxb4
5. c3 La5

6. d4 exd4
7. e5 Sg5
8. Df3 Sh6
9. Lxh6 gxh6
10. Dxf7#

Variante B:

6. Df3 f6
7. Dd5 De7
8. f4 fxe5
9. fxe5 d6
10. e6 Sc6
11. Lg5 Sf6
12. Lxf6 Dxf6
13. Sf3 Tf8

14. 0-0 dxc3
15. Sg5 De7
16. Txf8+ Dxf8
17. Sxh7 Dg8
18. Dh5+ Kd8
19. e7+ Sxe7
20. Lxg8 Sxg8
21. Df7 Se7

22. Sa3 Ld7
23. Df8+ Le8
24. Te1 c6
23. Txe7 Kc8
24. Dxe8+ Ld8
25. Dd7+ Kb8
26. Dxb7#

Variante C:

1. e4 e5, 10. Dh5+ g6 19.0-0 Lo6 31.Sf7+ Kh5

2. Lc4 Lc5	11. Dh6 De7	20.Kh1 Te8	32.Th4#
3. De2 Sf6	12. Lg5 De6	23.f4 e4	
4. d4 Lxd4	13. Sc3 Se7	24.Se5+ Sxe5	
5. Sf3 Lc5	14. Lf6 Tg8	25.fxe5+ Kg7	
6. Lxf7+ Kxf7	15. Dxh7 dxe5	26.Lf6+ Kh7	
7. Sxe5+ Ke8	16. Lxe7 Df7	27.Sxe4 Lf5	
8. Sd3 Lb6	17. Dxf7+ Kxf7	28.Sg5+ Kh6	
9. e5 Sd5	18. Lg5 Sc6	30.Tf4 Le3	

Eine andere Verteidigung, aber mit einer einfachen Umstellung; bei dieser Umstellung muss die weiße Figur mit ihrer Dame stark spielen, und mit ihren Springern gut spielen können, ganz einfach so:

1. e4 c5	Variante A: 1. e4 c5	7. Lxf7+ Ke7
2. Sf3 Sc6	2. f4 e5	8. fxe5 Lxf3
3. d4 cxd4	3. Sf3 Sc6	9. Lg5+ Kd7
4. Sxd4	4. Lc4 d6	10. e6+ Kc6
	5. d3 Lg4	11. Lxd8 Lxd1
	6. 0-0 Sd4	12. Le8#

(gespielt: Raphael gegen W. Montgomery im Jahr 1856)

Variante B (gespielt: A. Macdonnel gegen L. Bouronnais im Jahr 1859):

1. e4 c5	10. Kh1 f5	19. Db3 Lf5
2. Sf3 Sc6	11. exf5 Txf5	20. Ta-e1 Ld7
3. d4 cxd4	12. Ld3 Tf8	21. a4
4. Sxd4 Sxd4	13. Dh5 Tf5	1-0
5. Dxd4 e6	14. Lxf5 exf5	
6. Lc4 Se7	15. Dxf5 d6	
7. Sc3 Sc6	16. Dd5+ Kh8	
8. Dd1 Lc5	17. Lg5 Df8	
9. 0-0 0-0	18. Se4 Sb4	

Beim Umstellen dieser Verteidigung nach 1. e4, c5 ist der beste Zug 2. d4, und danach 3. Sf3, 4. Lc4, und dann Lxf7+.

Beispiel 1(Ohne den linken weißen Springer):

1. e4 c4	10. Dh5 Df6	19. Dh7+ Kf8

2. d4 cxd4	11. La3+ Se7	20. Dxe7+ Kg8	
3. Sf3 Sc6	12. f4 d3	21. Dd8+ Kg7	
4. Lc4 e5	13. 0-0-0 Le3+	22. Dxa5	
5. c3 Lc5	14. Kb1 Lxf4	1-0	
6. b4 Lb6	15. Th-f1 g6		
7. b5 Sa5	16. Txf4 Dxf4		
8. Lxf7+ Kxf7	17. Sxg6+ hxg6		
9. Sxe5+ Kf8	18. Dxh8+ Kf7		

(gespielt: P. Morphy gegen D. Julian im Jahr 1857)

Beispiel 2 (gespielt: P. Morphy gegen Prety im Jahr 1858):

1. e4 c5	11. La3 Sc6	21. De6+ Df6
2. d4 cxd4	12. 0-0 Sh6	22. Lxf5+ Kh5
3. Sf3 e5	13. e5 Dg6	23. g4+ Sxg4
4. Lc4 Lb4+	14. Sf4 Dg4	24. Lxg4+
5. c3 dxc3	15. Se6+ Lxe6	1-0
6. bxc3 Lc5	16. Dxd6+ Kf7	
7. Sxe5 Df6	17. Dd7+ Kg6	
8. Lxf7+ kf8	18. Lxe6 Dg5	
9. Sd3 Lb6	19. Ld5 Sxe5	
10. Lb3 d6	20. Le4+ Sf5	

Und jetzt ein Hinblick auf die Umstellung einer sehr einfachen Verteidigung in die Königsgambit (gespielt: P. Morphy gegen Carpentier im Jahr 1849):

1. e4 e5	Beispiel 1: 1. e4 e5	8. e5 d6
2. Sf3 Sc6	2. Sf3 Sc6	9. Te1 dxe5
3. d4	3. d4 exd4	10. Sxe5 Dxd1
	4. Lc4 Lb4+	11. Lxf7+ Ke7
	5. c3 dxc3	12. Sg6+ Kxf7
	6. 0-0 cxb2	13. Sxh8#
	7. l xh2 Lf8	

(gespielt: P. Morphy gegen Carpentier im Jahr 1849)

Beispiel 2 (gespielt: P. Morphy gegen einen Unbekannten im Jahr 1857):

1. e4	e5	10. Dg4+	Kxe5
2. Sf3	Sc6	11. Lg5	Df8
3. d4	Sxd4	12. Td1	Kd6
4. Sxe5	Se6	13. De4	Df7
5. Lc4	Sf6	14. c4	Kc6
6. Sxf7	Kxf7	15. Txd5	Kb6
7. Lxe6+	Kxe6?	16. Txc5	c6
8. e5	Lc5?	17. De5	Te8
9. 0-0	Sd5	18. Tb5+	1-0

Beispiel 3 (gespielt: L. Schumov gegen C. Jaenisch im Jahr 1850):

1. e4	e5	11. 0-0	Txe4
2. Sf3	SC6	12. Dd5+	Te6
3. d4	exd4	13. Lg5	De8
4. Lc4	LC5	14. f4	Kg7
5. Sg5	Sh6	15. f5	Te5
6. Sxf7	Sxf7	16. f6+	Kh8
7. Lxf7+	Kxf7	17. f7	Kg7
8. Dh5+	g6	18. fxe8-S+	Txe8
9. Dxc5	d6	19. Df7+	Kh8
10. Db5	Te8	20. Lf6#	

Von Anfang an soll das Spiel umgestellt werden, so dass die Züge der Königsgambit möglichst nach der Reihenfolge gespielt werden. Jeder, der das besser und richtiger gemacht hat, gewinnt das Spiel. Die schwarze Figur hat die richtigen Züge, die gespielt werden müssen, zu spielen, und wenn die schwarze Figur das kann und dazu Tempo und Zeit gewinnt, kann sie das Spiel auch gewinnen.

ERZÄHLUNGEN ÜBER DAS SCHACHSPIELEN

Das Schachspielen war am Anfang ein Spiel in Indien für vier Personen, dann hat der persische König, der Naderschah Afschar nach seinem Marsch nach Indien das Spiel in den Iran gebracht. Nach vielen Entwicklungen in verschiedenen Ländern ist das Schachspielen so geworden, wie es heute ist, mit vielen Systemen und Varianten.

Es ist immer empfohlen worden, dass im offenen Spielen die schwarze Figur nach 1.e4 mit e5 antwortet, und im halboffenen Spielen nach 1.e4 mit einem anderen beliebigen Zug, und im geschlossenen Spielen fängt die weiße Figur mit einem anderen Zug an als e4.

Es ist immer empfohlen worden, dass die weiße Figur Druck ausübt auf das Zentrum der schwarzen Figur, aber irgendwo lässt sie die schwarze Figur hereinspazieren, um das auszunutzen und damit zu gewinnen.

Es ist gesagt worden, dass die schwarze Figur am Anfang des Spiels nach 1.d5 eine große Deckung hinter ihrem Damenbauer baut, um im Spiel eine gute Position zu bekommen.

Es ist auch gesagt worden, dass es besser ist, dass die weiße Figur eine Deckung hinter ihrem Damenbauer baut und immer mit ihm spielt und nicht ohne ihn.

Es ist gesagt worden, dass man meistens das Spiel gewonnen habe durch das Freimachen der Linien und durch die Benutzung dieser diagonalen Linien.

Es ist gesagt worden, dass die weißen und auch die schwarzen Figuren das Spiel meist durchs Attackieren auf die schwachen Felder des Gegners gewonnen haben.

Es ist gesagt worden, dass die Großmeister das Spiel meist durchs Benutzen der Bauern bei der Attacke auf die Königsposition des Gegners gewonnen haben und durch das Hochziehen eines Bauern in eines der oberen Felder während der Attacke.

Und so wurde das Schachspielen geformt und geplant, im Blick auf die Kriege der persischen Sasanischen Dynastie, wo ja auch zuerst die Soldaten attackierten, die in den ersten Reihen waren. Und so ist das Schachspielen entwickelt worden, ein spiel der Könige gegen die Menschen: Die weiße Figur ist der König und seine Armee, und die schwarzen Figuren auf dem Brett sind die Menschen und ihre Anführer.

Es ist gesagt worden, dass die weißen und die schwarzen Figuren viele Male das Spiel gewonnen haben durchs Hochziehen eines Bauern und durch die Opferung einer Figur, um einen Bauern in eines der oberen Felder gelangen zu lassen und da den Bauer mit einer Dame zu wechseln.

Es ist gesagt worden, dass die weißen und die schwarzen Figuren viele Male am Ende des Spiels mit den Bauern, von denen sie mehr als der Gegner hatten, das Spiel gewonnen haben.

Es ist auch gesagt worden, dass ein Spieler, der immer gewinnen will, im Geiste kämpferisch sein muss, nie müde werden darf und schnell und stark sein muss, und dafür soll er auch andere Sportarten üben.

In diesem Buch wird gesagt, dass die weiße Figur meist durch das Opfer geben und Ausnutzen der freien Linien das Spiel gewinnt, so dass sie mehrere Opfer hintereinander gibt, einige Linien frei macht und sie ausnutzt.

In diesem Buch wird gesagt, dass die weiße Figur meist durch das Zerstören die Königsposition des Gegners und durch das Herauslocken des Königs des Gegners aus seinem Platz das Spiel gewinnt, was die schwarze Figur auch machen kann.

In diesem Buch wird gesagt, dass die weißen und die schwarzen Figuren meist das Spiel durch das Tempo- und Zeitgewinnen für sich gewinnen können.

In diesem Buch, das voller Geheimnisse ist, wird gesagt, dass jeder, der immer im Schachspielen gewinnen will, die wichtigsten Partien, die mit der Lehre dieses Buches in Verbindung sind, auswendig lernen soll, mindestens die, die in diesem Buch als Beispiel vor gekommen sind.

Soweit zu den Überlieferungen über das Schachspielen.

Soweit, so gut.

Wenn die schwarze Figur in der Hauptverteidigung im dritten Zug ihre Dame auf Feld h4 zieht, um dem weißen König Schach zu bieten, soll die weiße Figur so spielen:

:Beispiel 1 (gespielt: W. Lewis gegen einen Unbekannten im Jahr 1818):

1. e4 e5	12. Te1 f5	23. d5 c5	
2. f4 exf4	13. Sg5 b6	24. g3 b5	
3. Lc4 Dh4+	14. Ld5 c6	25. Dd3 c4	
4. Kf1 d6	15. Lxe4 fxe4	26. Dxg6 Tf8+	
5. c3 Sc6	16. Txe4 Dxe4	27. Kg2 Kc7	
6. d4 De7	17. Sxe4 Le7	28. Dg7+ Sf7	
7. Sf3 Sf6	18. Sxd6+ Kd7	29. Tf1 Kb6	
8. Lxf4 Sxe4	19. Dd1 h5	30. Txf7 Txf7	
9. Sb-d2 Lf5	20. Sf5 g6	31. Dxf7 h4	
10. Sxe4 Lxe4	21. Sxe7 Kxe7	1-0	
11. Db3 Sd8	22. Lg5+ Kd7		

Beispiel 2 (gespielt: zwei Unbekannte im Jahr 1822):

1. e4 e5	6. Lxf7+ Kd8
2. f4 exf4	7. Sc3 c6
3. Lc4 Dh4+	8. h3 Dg3
4. Kf1 g5	9. Se2 Dxf3+
5. Sf3 Dg4	10. gxf3 1-0

Wenn in der Hauptverteidigung die weiße Figur ihren linken Springer am Anfang zieht, gewinnt er auch so (gespielt: A. Macdonnel gegen L. Bourdonais im Jahr 1834):

1. e4 e5	9. Lxf7+ Kxf7	17. Kh1 Se6
2. f4 exf4	10. Dh5+ Kg7	18. Txe6+ dxe6
3. Sf3 g5	11. Lxf4 Lxf4	19. Sf6+
4. Lc4 g4	12. Txf4 Sf6	1-0
5. Sc3 gxf3	13. Dg5+ Kf7	
6. Dxf3 Lh6	14. Ta-f1 Ke8	
7. d4 Sc6	15. Txf6 De7	
8. 0-0 Sxd4	16. Sd5 Dc5	

Beispiel 2 (gespielt: A. Macdonnel gegen einen Unbekannten im Jahr 1830):

1. e4 e5	8. Dh5+ Ke7
2. f4 exf4	9. Df7+ Kd6
3. Sf3 g5	10. e5+ Kxe5
4. Lc4 g4	11. Te4+ Kd6
5. Sc3 gxf3	12. Dd5#
6. 0-0 fxg2	
7. Txf4 f6	

Beispiel 3 (gespielt: A. Macdonnel gegen einen Unbekannten im Jahr 1830):

1. e4 e5	9. Dd2 h3
2. f4 exf4	10. Sg5 d5
3. Lc4 Sf6	11. Sxd5 Lh5
4. Sc3 d6	12. Sxc7+ Kf8
5. d4 g5	13. Sxf7 Lxf7
6. h4 gxh4	14. Lh6+ Kg8
7. Lxf4 Lg4	15. Dg5#
8. Sf3 Le7	

Wenn der Spieler alles, was in der Hauptvariante angegeben ist, nicht richtig verstanden hat, dann ist es besser, dass er im dritten Zug mit dem weißen Springer auf das Feld f3 zieht, sonst wird das Spiel kompliziert; und wenn die schwarze Figur keinen Fehler macht und dazu Zeit gewinnt, kann sie sogar das Spiel gewinnen.

Beispiel 1 (gespielt: P. Morphy gegen C. Maurian im Jahr 1855):

1. e4   e5   7. d4   Sf6
2. f4   exf4   8. Lb3   La6
3. Lc4   Dh4+   9. De2   Sxd4
4. Kf1   b5   10. Sxd4 b4
5. Ld5   Sc6   11. Dxa6 Dd1+
6. Sf3   Dh5   12. Kf2   Sg4#

Beispiel 2 (gespielt: ein Unbekannter gegen J. Sarrat im Jahr 1810):

1. e4   e5   11. Db5   c6   21. Tf1   Dc5
2. f4   exf4   12. De2   f3   22. Dd4   Dxd4
3. Sf3   g5   13. gxf3 Tg8+   23. cxd4   Lxc1
4. Lc4   g4   14. Kh1   d5   24. Taxc1 Kd7
5. 0-0   gxf3   15. Sa3   Sg6   25. f4   Lg4
6. Dxf3 Lh6   16. Df2   Sf4   26. Tc3   Se4
7. e5   Sc6   17. Te1   Le6   27. Tg3   Le2
8. c3   De7   18. Dd4   Sh3   28. Te1   Lf3+
9. Dd5   Sxe5   19. Dh4   Lg5   29. Txf3   Sh-f2+
10. Lb3 Sf6   20. Da4   Lxd2   30. Txf2   Sxf2#

In der Hauptvariante ist es sehr richtig: Wenn die weiße Figur am Anfang den Zug d4 macht, so gewinnt sie Tempo und gewinnt schneller. Das Spiel:

Beispiel 1 (gespielt: G. Atwood gegen J. Wilson im Jahr 1798):

1. e4   e5   11. Lxh6 Lxh6   21. Tf-e1 Ta7
2. Sf3   d6   12. Td1   De7   22. Df4   Sa6
3. d4   f5   13. Lc4   b5   23. Df7+   Dxf7
4. dxe5   fxe4   14. Lb3   a5   24. exf7+ Kf8
5. Sg5   d5   15. a4   Lg7   25. fxg8-D#
6. e6   Sh6   16. Dxe4 Lxc3+
7. Sc3   c6   17. bxc3 bxa4
8. Sgxe4 dxe4   18. La2   Lb7

9. Dh5+ g6	19. 0-0 c5	
10. De5 Tg8	20. Dc4 Lc6	

Beispiel 2 (gespielt: L. Bourdonnais gegen D. Jouantho im Jahr 1837):

1. e4 e5	10. Se4 d5	19. c5+ Ka5
2. f4 exf4	11. Sd6+ Kd8	20. Dd2+ Ka4
3. Sf3 g5	12. Ld3 f5	21. b3+ Ka3
4. Lc4 g4	13. Lxf4 Kc7	22. Da5+ Kb2
5. d4 gxf3	14. e6 Lxf4	23. Tb1#
6. Dxf3 Lh6	15. Dxf4 Dxe6	
7. 0-0 Df6	16. Sf7+ Kb6	
8. e5 Dg6	17. Sxh8 Df6	
9. Sc3 c6	18. c4 Dxh8	

Beispiel 3 (gespielt: P. Morphy gegen C. Maurian im Jahr 1866)

1. e4 e5	10. Lg5 Lg7	
2. f4 exf4	11. e5 De8	
3. Sf3 g5	12. Dh4 Dg6	
4. Lc4 g4	13. 0-0 d5	
5. d4 gxf3	14. exf6+ Kf7	
6. Dxf3 Sc6	15. fxg7+ Kxg7	
7. Lxf7+ Kxf7	16. Tf6 Lf5	
8. Dh5+ Ke7	17. Txg6+ hxg6	
9. Lxf4 Sf6	18. Lf6+ 1-0	

Es läuft auch alles genauso gut, wenn die weiße Figur im vierten Zug ihren Damenbauer auf das Feld d4 zieht, nur wird dann alles etwas schneller.

Beispiel 1 (gespielt: J. Cazenove gegen einen Unbekannten im Jahr 1819):

1. e4 e5	10. Se5+ Ke8	19. Lxc7 Dxc7
2. f4 exf4	11. Dh5+ g6	20. Dxc7 Sc6
3. Lc4 Lc5	12. Sxg6 Sf6	21. Sf7
4. d4 Le7	13. Txf6 Lxf6	1-0
5. Sf3 Lh4+	14. Sxh8+ Ke7	

6. g3 fxg	15. Df7+ Kd6	
7. 0-0 gxh2+	16. Lf4+ Kc6	
8. Kh1 Le7	17. Dd5+ Kb6	
9. Lxf7+ Kxf7	18. Dc5+ Ka6	

Beispiel 2 (gespielt: A. Macdonnell gegen einen Unbekannten im Jahre 1830):

1. e4 e5	10. e5 Sg8	19. b4 Lxb4
2. f4 Lc5	11. Lg5 Dc8	20. Lxf6 gxf6
3. Sf3 exf4	12. De2 Sf8	21. Sd5 La5
4. d4 Lb6	13. Sc3 Dd7	22. Sxf6+
5. Lxf4 d6	14. Lh4 h6	1-0
6. Lc4 Le6	15. exd6 cxd6	
7. Lxe6 fxe6	16. Sb5 a6	
8. 0-0 Sf6	17. Sc3 Sf6	
9. Kh1 Sb-d7	18. b3 La5	

Beispiel 3 (gespielt: J. Cochrane gegen einen Unbekannten im Jahr 1822):

1. e4 e5	10. fxg5 fxg5	19. Sd6+ Kg7
2. Sf3 d6	11. Txf7 Kxf7	20. Df7+ Kh6
3. c3 Le6	12. Dh5+ Ke7	21. Sf5#
4. d4 exd4	13. Sf5+ Ke6	
5. cxd4 c6	14. Lc4+ d5	
6. Ld3 Sd7	15. exd5+ cxd5	
7. 0-0 f6	16. Lxd5+ Kxd5	
8. Sh4 Lf7	17. Df3+ Ke6	
9. f4 g5	18. d5+ Kf6	

Wenn in der Hauptvariante am Anfang die weiße Partei ihren Bauer auf Feld h4 zieht, wird das Spiel an Tempo gewinnen, und so kann der Spieler das Spiel auch leichter gewinnen.

Beispiel 1 (gespielt: J. Sarratt gegen einen Unbekannten im Jahr 1818):

1. e4 e5	9. 0-0 Sd7
2. f4 exf4	10. hxg5 hxg5

3. Sf3 g5	11. Sxg5 Dxg5
4. Lc4 Lg7	12. Lxf7+ Kf8
5. h4 h6	13. Lxf4 Dh4
6. d4 d6	14. Lxd6+ Se7
7. c3 c6	15. Lg6+ Sf6
8. Db3, De7	16. Df7#

Beispiel 2 (gespielt: J. Sarratt gegen einen Unbekannten im Jahr 1818):

1. e4 e5	8. Db3 Lxf3
2. f4 exf4	9. Lxf7+ Kf8
3. Sf3 g5	10. gxf3 b6
4. Lc4 Lg7	11. hxg5 hxg5
5. h4 h6	12. Txh8 Lxh8
6. d4 d6	13. Lxg8
7. c3 Lg4	1-0

Jetzt der Zug h2 nach h4, im vierten Zug, und es geht alles genauso gut, nur viel schneller,

Beispiel 1 (gespielt: W. Lewis gegen einen Unbekannten im Jahr 1820):

1. e4 e5	8. Lb5+ Kd8
2. f4 exf4	9. Te1 Dc5+
3. Sf3 g5	10. d4 Dxb5
4. h4 g4	11. Sxf7+ Kd7
5. Sg5 d5	12. Dxg4#
6. exd5 De7+	
7. Kf2 h6	

Beispiel 2 (gespielt: W. Lewis gegen einen Unbekannten im Jahr 1820):

1. e4 e5	
2. f4 exf4	10. Sd5+ Kd8
3. Sf3 g5	11. Df3 Dd6
4. h4 g4	12. d4 Sc6
5. Sg5 h6	13. Lxf4 Sxd4
6. Sxf7 Kxf7	14. Dg3 Dc5

7. Dxg4 Df6	15. Lxc7+ Ke8	
8. Lc4+ Ke7	16. Dg6#	
9. Sc3 h5		

Beispiel 3 (gespielt: A. Macdonnell gegen Harrison im Jahr 1830):

1. e4 e5	11. 0-0 Sf-d7	21. Dc4 Kd8
2. f4 exf4	12. g3 b5	22. Lg5+
3. Sf3 g5	13. Lxb5 cxb5	1-0
4. h4 g4	14. Sxb5 Sb6	
5. Se5 h5	15. Sd5 Sxd5	
6. Lc4 Th7	16. exd5 Dd7	
7. d4 d6	17. Dd3 f5	
8. Sd3 De7	18. Te1+ Te7	
9. Sxf4 c6	19. Te6 Txe6	
10. Sc3 Sf6	20. dxe6 Dh7	

Es ist eigentlich so, dass im Hauptsystem das Spiel am Anfang mit e4 anfängt, und dann setzt die weiße Figur alles daran, um das Feld f7 zu besetzen und dort den schwarzen König ins Matt zu setzen, und so spielt die weiße Figur meist auf dem rechten Flügel. Wenn das Spiel am Anfang mit dem Zug d4 anfängt, dann soll das Spiel nach zwei Zügen in die Hauptverteidigung (Königsgambit) umgestellt werden. Die Hauptvariante beziehungsweise die ersten fünf Hauptzüge, sind auch für die schwarze Figur sehr richtig, denn in der Hauptverteidigung hat die schwarze Figur das Feld f2 zu besetzen und da den weißen König ins Matt zu setzen, aber in anderen Systemen ist für die schwarze Figur nicht klar, welches Feld sie im weißen Bereich besetzen soll, wo sie dort den weißen König ins Matt setzen kann. So ist auch für die schwarze Figur richtig, dass sie nach den richtigen Zügen spielt, wenn die weiße Figur auf dem Brett die Königsverteidigung spielt. In der Hauptvariante ist für die weiße Figur sehr wichtig, den schwarzen Springer und die schwarze Dame vom Feld f6 weg zu jagen, so ist der Zug e5 für die weiße Figur ein guter Zug und sehr gut verwendbar.

Beispiel 1 (gespielt: L. Bourdonnais gegen D. Jouantho im Jahr 1837):

1. e4 e5	10. Se4 d5	19. c5+ Ka5
2. f4 exf4	11. Sd6+ Kd8	20. Dd2+ Ka4
3. Sf3 g5	12. Ld3 f5	21. b3+ Ka3
4. Lc4 g4	13. Lxf4 Kc7	22. Da5+ Kb2
5. d4 gxf3	14. e6 Lxf4	23. Tb1#
6. Dxf3 Lh6	15. Dxf4 Dxe6	

7. 0-0   Df6

8. e5   Dg6

9. Sc3   c6

16. Sf7+   Kb6

17. Sxh8   Df6

18. c4   Dxh8

Wenn die weiße Figur im zweiten Zug ihren Läufer auf das Feld c4 zieht, soll sie dann, um das Spiel zu gewinnen, alles, was in der Hauptvariante ist, genau wissen und dies auch ins Spiel bringen, eine gute Richtung wählen und schnell spielen können.

Beispiel 1 (gespielt: D. Legal gegen einen Unbekannten im Jahr 1790):

1. e4   e5

2. Lc4 d6

3. Sf3 Sc6

4. Sc3 Lg4

5. Sxe5 Lxd1

6. Lxf7+ Ke7

7. Sd5#

Beispiel 2 (gespielt: J. Cazenove gegen T. Hull im Jahr 1818):

1. e4   e5

2. Lc4 c6

3. De2 Sf6

4. c3   d6

5. d4   Le7

6. dxe5 dxe5

7. Lg5 h6

8. Lxf6 Lxf6

9. Sd2 0-0

10. Lb3 Lg5

11. Sd-f3 Lg4

12. Td1 De7

13. Lc2 Sd7

14. h3   Lh5

15. g4   Lg6

16. Sxg5 hxg5

17. Sf3 Ta-d8

18. h4   gxh4

19. Sxh4 Td-e8

20. Sxg6 fxg6

21. Lb3+ Tf7

22. f3   Te-f8

23. Dh2

1-0

Beispiel 3 (gespielt: J. Cochrane gegen H. Staunton im Jahr 1841):

1. e4   e5

2. Lc4 Lc5

3. d4   Lxd4

4. Sf3 Df6

5. 0-0 Lb6

6. Sc3 c6

10. Lb3 d5

11. Sxh8 Sf6

12. exd5 cxd5

13. Sxd5 Sb-d7

14. De2+ Kf8

15. Ta-e1 a6

19. Dxe8+ Sxe8

20. Sxh7#

7. Lg5 Dg6	16. Sxf6 Sxf6
8. Sxe5 Dxg5	17. Sf7 Ld7
9. Sxf7 Dc5	18. Sg5 Te8

Im Schachspielen ist es so: In einem Spiel nach e4 zum Beispiel antwortet die schwarze Figur mit c5, dann soll die weiße Figur den Zug Sf3 machen, und die schwarze Figur antwortet mit e6, und dann geht die weiße Figur mit dem Damenbauer auf das Feld d4, und so geht die weiße Figur immer in eine Position, die außer der Hauptvariante ist; so muss die weiße Figur immer nach dem dritten Zug das Spiel in die Hauptvariante umstellen, aber das passiert immer wieder, und die weiße Figur muss jedes Mal das als Pflicht tun.

Beispiel 1 (gespielt: J. Cochrane gegen H. Staunton im Jahr 1842):

1. e4 e5	11. Se2 Db6	21. Th-f1 bxa3
2. Lc4 c6	12. 0-0-0 a5	22. bxa3 Tb8
3. De2 Sf6	13. Sg3 Dd8	23. Sxg7 Lxg7
4. f4 d6	14. a3 b5	24. Lxg7 Sxg7
5. Sf3 Lg4	15. La2 a4	25. Txf7 1-0
6. fxe5 Lxf3	16. Sf5 Le7	
7. Dxf3 dxe5	17. Lh6 Se8	
8. d3 Lc5	18. Dg3 Lf6	
9. Sc3 0-0	19. Td-f1 c5	
10. Lg5 Sb-d7	20. Tf3 b4	

Beispiel 2 (gespielt: H. Staunton gegen einen Unbekannten im Jahr 1841):

1. e4 e5	11. c3 b5	21. Dxf4 Sd7
2. Lc4 Lc5	12. Lb3 La6	22. Dh6+
3. De2 Sf6	13. De4 b4	1-0
4. f4 De7	14. Sf5 Dd8	
5. Sf3 exf4	15. c4 d5	
6. d4 Lb6	16. cxd5 Te8	
7. e5 Sh5	17. d6 g6	
8. Sc3 c6	18. Sh6+ Kg7	
9. Se4 0-0	19. Sxf7 Db6	
10. Sd6 La5+	20. Lxf4 Sxf4	

Auf dem Brett darf die weiße Figur nicht die Züge machen, die an den Anfang der schwarzen Figur gehören, denn das wäre sehr falsch. So ist das Spiel 1.e4, 2.Sf3, 3.g3, 4.Lg2 ein Spiel, das die schwarze Figur am Anfang macht, das ist das Umgestellte von 1. ‚e5 2. ‚Sf6 3. ‚g 4. ‚Lg7. Die weiße Figur aber kann das Spiel auf dem Brett nur gewinnen, wenn ihr Spiel die Züge der weißen Figur sind.

Zurück zu der Hauptvariante: Wenn die schwarze Figur am Anfang auf 1.e4 mit dem Zug d5 antwortet, dann muss die weiße Figur immer mit dem e-Bauer den schwarzen Damenbauer schlagen.

Beispiel 1 (Beispiel vom Verfasser):

1. e4   d5
2. exd5   Dxd5
3. d4   De4+
4. Le2   Sf6
5. Sf3   Sg4
6. 0-0   e5
7. Sc3   Df5
8. Ld3   Df6
9. Lg5   Dc6
10. h3   Sf6
11. dxe5   Sd7
12. e6   fxe6
13. Sd4   Dd6
14. Dh5+   g6
15. Lxg6+   hxg6
16. Dxg6#

Beispiel 2 (Beispiel vom Verfasser):

1. e4   d5
2. exd5   Dxd5
3. d4   De4+
4. Le2   Sf6
5. f4   e6
6. Sf3   Le7
7. 0-0   0-0
8. Ld3   Dc6
9. Sg5   b5
10. Lxh7+   Sxh7
11. Sxh7   Kxh7
12. Dh5+   Kg8
13. Sc3   Sd7
14. Tf3   Lb7
15. f5   e5
16. f6   Lxf6
17. d5   Dd6
18. Se4   Dxd5
19. Th3   1-0

Und wenn die weiße Figur auf dem Brett das Spiel mit dem Damenbauer anfängt, soll das Spiel schnell umgestellt werden; es sieht so aus:

Beispiel 1 (gespielt: J. Sarrat gegen einen Unbekannten im Jahr 1818):

1. d4	d5	9. d5	axb5
2. Lf4	Lf5	10. Sxb5	Sa5
3. Sc3	Sc6	11. Sxc7+	Kd7
4. f3	Sb4	12. Dg4+	e6
5. e4	dxe4	13. dxe6+	Ke7
6. fxe4	Lg6	14. Dg5+	f6
7. a3	Sc6	15. Dc5+	Dd6
8. Lb5	a6	16. Dxd6#	

Beispiel 2 (gespielt: J. Sarrat gegen einen Unbekannten im Jahr 1818):

1. d4	d5	7. Df3	c6
2. c4	dxc4	8. Txa6	Sxa6
3. e3	b5	9. Dxc6+	Dd7
4. a4	Ld7	10. Dxa8+	Dd8
5. axb5	Lxb5	11. Dc6+	Dd7
6. Sc3	La6	12. Dxa6	1-0

Beispiel 3 (gespielt: H. Staunton gegen P. Saint Amant im Jahr 1843):

1. d4	c5	11. f4	c4	21. Te3	Kc7	31. bxc5	Sxf4
2. d5	f5	12. Lxc4	exf4	22. Lb3	a5	32. Txa3#	
3. Sf3	d6	13. Txf4	Sb-d7	23. Sf3	Sf6		
4. Sc3	Sf6	14. Dd4	Se5	24. c4	b6		
5. Lg5	e5	15. Ta-e1	Sf-d7	25. Se5	a4		
6. e4	a6	16. Lxe7	Dxe7	26. Lc2	a3		
7. exf5	Lxf5	17. Se4	Tf8	27. Sf7	Dc5		
8. Sh4	Lc8	18. Txf8+	Dxf8	28. Df4+	Kb7		
9. Ld3	g6	19. Sxd6+	Kd8	29. b4!	Sh5		
10. 0-0	Le7	20. Txe5	Dxd6	30. Sd8+	Ka6		

Und jetzt drei Beispiele gegen das Schachprogramm 3DSchach:

Beispiel 1:

1. d4 d5	11. fxe5+ Ke6	
2. Sf3 Lg4	12. exd6 Dxd6	
3. Se5 Sf6	13. exd4 Dg3	
4. Sxf7 Kxf7	14. Lf4 Sc3	
5. h3 c5	15. bxc3 Dh4	
6. hxg4 Se4	16. De2+ Kd7	
7. e3 Sc6	17. Sa3 h5	
8. f4 e5	18. Lf5+ Kd8	
9. Ld3 Ld6	19. De6 Se5	
10. 0-0 cxd4	20. Lxe5 Schwarz gibt auf.	

Beispiel 2:

1. d4 Sc6	11. e6+ Kxe6	21. Dh5 Ld4+	31. bxc4 De5
2. e4 d5	12. De2+ Kf6	22. Kh1 Tg6	32. Ta-d1 Kc7
3. e5 Lh3	13. Lxg7+ Lxg7	23. Sb5 De6	33. Txd5 De6
4. Sf3 Sxd4	14. fxg4 e5	24. Sxd4 Dg8	34. Tc5+ Kb8
5. Sxd4 c5	15. Df3 Dd6	25. Dh4+ Ke8	35. Sd4 Db6
6. Sf3 Sh6	16. Dxf5+ Ke7	26. Dh5 Kd8	36. Tb5 Kc8
7. Lxh6 f5	17. Le2 a5	27. b3 b5	37. Txb6
8. Sg5 c4	18. 0-0 Ta-g8	28. Sxb5 De6	Schwarz gibt auf.
9. Sf7 Lg4	19. Df7 Kd8	29. Sd4 Dd6	
10. f3 Kxf7	20. Sc3 e4	30. Sf5 De6	

Beispiel 3 (gespielt vom Verfasser):

1. d4 d5	11. Df3+ Sf6
2. Sf3 Sd7	12. exf6 Lg4
3. Sg5 e5	13. Df2 Ta-g8
4. Sxf7 Lb4+	14. fxg7+ Kxg7
5. c3 Kxf7	15. gxh4 Df6
6. e3 Le7	16. Dg3 Df3
7. f4 c5	17. De5+ Df6

8. fxe5 Sh6	18. Dc7+ Sf7	
9. Ld3 Lh4+	19. Tg1 Df3	
10. g3 ,Dg5	Hier gibt das Programm auf, es wird aber weiter gespielt:	
20. Txg4+ Dxg4	28. Sb5 Df2	
21. Le2 Dg1+	29. Sd6 Txg5	36. La3 Df3
22. Kd2 Df2	30. De8+ Kg7	37. Tf1 Tg2+
23. Sa3 Df6	31. De7+ Kg6	38. Kc3 Tf8
24. Dg3+ Sg5	32. b3 cxd4	39. Txf3 Txf3
25. hxg5 Df5	33. cxd4 Df8	40. Sf5+
26. Dc7+ Df7	34. Ld3+ Kh5	Schwarz gibt auf.
27. De5+ Kf8	35. De6 Kh4	

Eins ist im Schachspielen sehr wichtig, und das ist das Spielen mit der schwarzen Figur. Die richtigen Züge der schwarzen Figur gegen die weiße Verteidigung sind:

e5, g5, Sf6,Lg7, d6, h6, De7, Df6, g4-g3, Sc6,0-0 oder 0-0-0.

Die schwarze Figur soll die Verteidigung der weißen Figur zerstören, die wichtigen Figuren der weißen, so viel es möglich ist, schlagen und vom Brett werfen.

Die schwarze Figur soll dann keinen einzigen Fehler machen, keinen unnötigen Zug machen, Tempo gewinnen, Zeit gewinnen, und immer schnell spielen. Nur so kann die schwarze Figur das Spiel gewinnen.

Beispiel 1 (gespielt: L. MacConnell gegen P. Morphy im Jahr 1849):

1.e4 e5	11.De2+ Le6	21.Kg1 Sh3+
2.f4 exf4	12.Lb3 0-0	22.Kh1 Dg1+
3.Sf3 g5	13.d4 Se4	23.Txg1 Sf2#
4.Lc4 Lg7	14.Lc2 f5	
5.d3 h6	15.Sb-d2 Sc6	
6.0-0 Sf6	16.c4 Lxd4+	
7.c3 b5	17.Sxd4 Sxd4	
8.Lxb5 c6	18.Dd3 Db6	
9.Lc4 d5	19.Kh1 Sxc2	
10.exd5 cxd5	20.Dxc2 Sf2+	

Beispiel 2 (gespielt: ein Unbekannter gegen W. Lewis im Jahr 1818):

1.e4 e5	11.Kf2 Dg2+	21.Ka4 Ld7+
2.f4 exf4	12.Ke3 Lh6+	22.Ka5 b6+
3.Sf3 g5	13.Sf4 Lxf4+	23.Kb4 a5+
4.Lc4 g4	14.gxf4 f2	24.Ka3 Sxc2+
5.Se5 Dh4+	15.d3 g3	25.Kb3 La4+
6.Kf1 Sf6	16.hxg3 Lg4	26.Kxa4 Sc5+
7.Lxf7+ Ke7	17.Df1 Dxg3+	27.Kb5 Sd4#
8.Lc4 d6	18.Kd4 Sc6+	
9.Sd3 f3	19.Kc3 Sxe4+	
10.g3 Dh3+	20.Kb3 Sd4+	

Beispiel 3 (gespielt: ein Unbekannter gegen J. Sarrat im Jahr 1810):

1.e4 e5	11.Db5 c6	21.Tf1 Dc5
2.f4 exf4	12.De2 f3	22.Dd4 Dxd4
3.Sf3 g5	13.gxf3 Tg8+	23.cxd4 Lxc1
4.Lc4 g4	14.Kh1 d5	24.Taxc1 Kd7
5.0-0 gxf3	15.Sa3 Sg6	25.f4 Lg4
6.Dxf3 Lh6	16.Df2 Sf4	26.Tc3 Se4
7.e5 Sc6	17.Te1 Le6	27.Tg3 Le2
8.c3 De7	18.Dd4 Sh3	28.Te1 Lf3+
9.Dd5 Sxe5	19.Dh4 Lg5	29.Txf3 Sh-f2+
10.Lb3 Sf6	20.Da4 Lxd2	30.Txf2 Sxf2#

ZWEITER TEIL

SPIELEN GEGEN DEN SCHACHCOMPUTER

Das Spiel gegen den Schachcomputer funktioniert so: Das Programm, welches auch immer, versucht das Spiel der weißen Figur aus der Hauptvariante heraus und in eine andere Variante hinein zu ziehen, aber es ist ungewiss, ob das Programm dann gegen den Gegner das Spiel gewinnen kann, und es ist auch ungewiss, wo das Programm auf dem Brett den weißen König Matt setzen kann. Gegen den Schachcomputer darf man niemals aus der Hauptvariante herausgehen, man darf zwar schnellere Wege gehen, aber nicht schnell spielen. Das Spiel gegen den Schachcomputer läuft so, dass der Spieler nicht so schnell zum Erfolg kommen kann wie bei einem Spiel gegen einen jungen Mann. Das Spiel gegen den Computer geht langsam voran, denn der Spieler muss vieles rechnen, viele Varianten rechnen, und wo der Spieler zwei Stunden Zeit hat für vierzig Züge und dreißig Minuten für den Rest, so sieht es nicht gut aus für den Spieler, weil das viele Rechnen zuviel Zeit braucht und der Spieler die nicht hat, also sieht es dann so aus, dass von Anfang an der Computer Züge macht, die das Spiel zum sechzigsten oder zum siebzigsten Zug führen, weil der Computer es in kurzer Zeit rechnet und da im Vorteil ist. Wenn der Spieler das mitmachen will, braucht er viel Zeit zum Rechnen, die er nicht hat; also muss ein Spieler gegen den Computer schnellere Wege auf dem Brett gehen, um Tempo zu gewinnen und Zeit zu gewinnen.

Einige Beispiele für einen schnelleren Weg gegen den Schachcomputer:

Beispiel 1 (Die Spiele vom Verfasser gegen die Schachprogramme):

1.e4 Sc6	11.h4 d5	21.Sxh7 Sxh4	31.Dxf8+ Kh7
2.Sf3 e5	12.h5+ Kf6	22.Sf6+ Kf7	32.Sf6#
3.d4 exd4	13.Df3+ Lf5	23.Dg4 Sf3+	
4.Lc4 Sf6	14.g4 Dc4+	24.Kg2 Sxd2	
5.Lxf7+ Kxf7	15.Kg1 Se7	25.Sd7 Txh6	
6.c3 Sxe4	16.Te1 g6	26.Tf6+ Kg7	
7.Sb-d2 Sxd2	17.Te6+ Kg7	27.De6 Dc4	
8.Lxd2 De7+	18.h6+ Kg8	28.Tf7+ Kh8	
9.Kf1 Dc5	19.gxf5 Sxf5	29.Df6+ Kg8	
10.Sg5+ Kg6	20.Th4 Dxa2	30.Txf8+ Txf8 (gegen das Programm Fritz 6)	

Beispiel 2:

1.e4 e6	11.Sxg5 Sd5
2.Sf3 c5	12.Se4 f5

3.e5 d6   13.h6 c4

4.Sc3 Sc6   14.hxg7 Kxg7

5.d3 dxe5   15.Dh5 Th8

6.Se4 Le7   16.Lh6+ Txh6

7.h4 Sf6   17.Dxh6+ Kf7

8.Se-g5 0-0   18.Dh5+ Kg7

9.h5 h6   19.Th3 Sf6

10.c3,hxg5 Schwarz gibt auf, und der mögliche Rest der Züge wäre:

20.Dg5+ Kf7   24.Txg7 Se7

21.Sxf6 Lxf6   25.Dh5+ Sg8

22.Th7+ Kf8   26.Dxg8#   (gegen das Programm Fritz 6)

23.Dh6+ Lg7

Ein anderer kurzer Weg:

1.e4 e5   11.Sxd6 cxd6

2.f4 exf4   12.Lxf4 Sb6

3.Sf3 d6   13.Lb3 Sbxd5

4.Lc4 h6   14.Dd2 Db6+

5.h4 Sf6   15.Kh1 Tf-e8

6.d3 d5   16.Lxh6 gxh6

7.exd5 Ld6   17.Dxh6 Le6

8.0-0 0-0   18.Lxd5 Lxd5

9.Sc3 Lg4   19.Dxf6 Dd8

10.Sb5 Sb-d7   20.Dh6 Te2   Schwarz gibt auf, und der mögliche Rest der Züge wäre:

21.c4 Lc6   26.Dh5 Te5

22.Tg1 Ld7   27.Th7 Dg7

23.Sg5 Lf5   28.Th8+ Dxh8

24.Tf1 Lxd3   29.Df7#   (gegen das Programm 3DSchach)

25.Txf7 Df8

Jetzt mit der schwarzen Figur gegen das Programm Kasparow Chess:

1.Sh3 e5   14.d4 Dd6   27.Txe4+ Kf8

2.e3 h6	15.La3 exd4	28.Tf4 Dg1+
3.Lb5 g5	16.exd4 b6	29.Ke2 Lxa1
4.Dh5 c6	17.Te1 Sg4	30.Se3 Th2+
5.Lc4 d5	18.Lxg4 hxg4	31.Tf2 Dxf2#
6.Le2 Sf6	19.b5 c5	
7.Df3 Lg7	20.Sg5 Dxh2+	
8.0-0 g4	21.Kf1 Dh1+	
9.Dg3 Se4	22.Ke2 Dxg2	
10.Dxg4 Lxg4	23.Sxe4 dxe4	
11.Lxg4 h5	24.Sc3 Lxd4	
12.Le2 Sd7	25.Sd5 Dxf2+	
13.b4 Sd-f6	26.Kd1 Td8	

Ein anderes Beispiel gegen das Programm Kasparow Chess:

1.e4 d5	11.g5 exd4	21.Lxd6 cxd6	31.Db7#
2.e5 Lf5	12.Sxd4 Dd6	22.Dc2+ Kb8	
3.d4 Sc6	13.h5 Dh2	23.Tc1 Se7	
4.Sf3 Sb4	14.Sf3 Dxh5	24.Dc7+ Ka8	
5.Ld3 Sxd3+	15.De2 Dh3	25.Dxe7 Tb8	
6.cxd3 e6	16.Lf4 Ld4	26.Tc3 e5	
7.Sc3 Le7	17.Se5 Se7	27.Kd2 Tc8	
8.h4 f6	18.Sb5 0-0-0	28.Tc7 Df5	
9.Tg1 fxe5	19.Sxd6 Txd6	29.Txb7 h6	
10.g4 Lg6	20.Sxg6 Sxg6	30.Txa7+ Kb8	

(vom Verfasser gespielt am 18.9.05)

Ein Beispiel gegen das Programm Deep Junior7:

1.e4 e6	12.d4 0-0	23.Lxf5 exf5
2.f4 Dh4+	13.Tg1 a5	24.Dxh6+ Kg8
3.g3 De7	14.g4 a4	25.Sh-g5 Lxg5
4.Sf3 Db4	15.gxf5 Txf5	26.Sxg5 Sf6

5.Sc3 Sf6	16.Ld3 Th5	27.Dg6+ Kh8
6.d3 Db6	17.De2 a3	28.Sf7#
7.e5 Sd5	18.Tb1 axb2	
8.Se4 f5	19.Ld2 Da5	
9.Se-g5 h6	20.Txg7+ Kxg7	
10.Sh3 Le7	21.Dg2+ Kh8	
11.c3 Sc6	22.Dg6 Tf5	

Ein anderes Beispiel gegen das Programm Deep Junior7:

1.e4 e6	13.c3 La5	23.Te1 Dd5
2.f4 Dh4+	14.Lxc7 0-0	24.g4 a5
3.g3 De7	15.Lxa5 Sxa5	25.h4 a4
4.Sf3 Db4	16.Sd6 Td8	26.g5 Se4
5.f5 Dxe4+	17.Sxc8 Taxc8	27.Df4 Sd6
6.Le2 Sc6	18.0-0-0 a6	28.gxh6 gxh6
7.Sc3 Dxf5	19.Td-f1 Dg4	29.Dxh6 Sf5
8.d4 d5	20.Dd2 Sc4	30.Th-g1+ Sg7
9.Ld3 Dh3	21.Lxc4 dxc4	31.Dxg7#
10.De2 Sf6	22.Se5 De4	
11.Lf4 h6		
12.Sb5 Lb4+		

Im Spiel gegen den Schachcomputer soll ein Spieler viel Geduld haben und immer alles vor sich auf dem Brett sehen.

Ein Beispiel gegen das Programm KasparowChess:

1.e4 d5	9.Sb5 Dd8
2.exd5 Dxd5	10.Lc4 Sf6
3.Sf3 De4+	11.Lxf7+ Kxf7
4.Le2 Lf5	12.Sg5+ Kg6
5.d3 Db4+	13.h4 Dd6
6.Sc3 Sc6	14.h5+ Kh6
7.a3 Dc5	15.Sf7#
8.d4 Dd6	

Ein anderes Beispiel gegen das Programm Kasparow Chess:

1.e4 Sf6	11.d4 0-0-0	21.Txb5 Lxa6
2.f4 Sxe4	12.a4 Se4	22.Dd3 Lxb5
3.Sf3 Sc6	13.a5 Db4	23.Dxb5 Ka8
4.Lc4 d5	14.Ta4 Dd6	24.Sc6 Tc8
5.Lb3 Sa5	15.Se5 Df6	25.Sxa7 Tc7
6.d3 Sxb3	16.a6 b6	26.Dxd5+ Kxa7
7.cxb3 Sd6	17.b4 Kb8	27.Ld2 e6
8.0-0 Lf5	18.b5 Sxc3	28.Ta1+ La3
9.Sc3 c6	19.bxc3 cxb5	29.Txa3+ Kb8
10.h3 Db6+	20.Tb4 Lc8	30.Da8#

Jetzt mit der schwarzen Figur gegen das Programm Kasparow Chess:

1.d4 d5	11.Lc7 Dd7	21.Kd2 Dd5+
2.Lf4 h6	12.Le5 cxd5	22.Ke3 Txd1
3.Sc3 g5	13.Lxh8 fxe5	23.Dxd1 Dxd1
4.Le5,f6	14.Sh3,Sa6	24.Kxe4,Lb7+
5.Lg3 Lg7	15.Lxa6 bxa6	25.Kf5 Dd7+
6.e4 f5	16.Txd5 Tb8+	26.Ke5 Dd5#
7.Dh5+ Kf8	17.Kc3 Dc6+	
8.Sxd5 LXd4	18.Kd2 Dxd5+	
9.0-0 Lxb2+	19.Kc1 Dxa2	
10.Kxb2 c6	20.Td1 Tb1+	

Ein anderes Beispiel mit der schwarzen Figur gegen das Programm Kasparow Chess:

1.d4 d5	11.Lxc7 h5	21.Lxg2 Lh6	31.Ke1 Sc2#
2.Lf4 h6	12.Sc4 Se4	22.Sc7+ Kd8	
3.Sf3 g5	13.f3 Sg3	23.Sd5 Tg8	
4.Le5 f6	14.Sc3 Df7	24.Dc2 e6	
5.Lg3 Lg7	15.Lxg3 gxf3	25.Sb6 Lxe3	
6.h4 g4	16.gxf3 a6	26.d5 Sd4	

7.Sf-d2 Sc6	17.Th3 f4	27.Dd3 Txg2
8.e3 f5	18.Sb6 Lxh3	28.dxe6 Tg1+
9.c4 Sf6	19.Lxh3 fxg3	29.Df1 Txf1+
10.cxd5 Dxd5	20.Sxa8 g2	30.Kxf1 Dxf3+

Um gegen ein Schachprogramm immer gewinnen zu können, muss man immer in Übung sein und die verschiedenen Wege als die vielen Möglichkeiten, die es gibt, sehen und rechnen, denn es gibt immer noch andere Wege da auf dem Brett als das, was man gerade im Kopf hat; der kürzere Weg ist immer der richtige Weg.

Im Spiel gegen ein Schachprogramm muss der Spieler den rechten Flügel des weißen Königs in Besitz bekommen, dann die Stellung des schwarzen Königs zerstören, und das durch Attacke auf das Feld f7, und wenn der linke Springer schnell aufs Feld geholt wird, dann steht nichts mehr im Wege.

Da jedes Schachprogramm, um seinem Gegner einen Bauer weg zu nehmen, sich viele Pläne macht, gebraucht es viel Zeit und Tempo, und so soll man es auch lassen, um Zeit und Tempo zu gewinnen, um die Hauptvariante durchzuführen, denn das macht Sinn.

Meist steht der bessere und kürzere Weg vor Augen, aber das soll man in den Blick kriegen können, das wäre sehr schön.

So weit, so gut, viel Erfolg!

Beispiel (gegen das Programm Fritz6):

1.e4 Sc6	11.o-o Kd5	21.Dxd4+ Ka5
2.f4 e5	12.Te1 Sc6	22.Ld2 Sg4
3.Sf3 exf4	13.Dd3+ Kc5	23.c4+ Ka4
4.Lc4 Sa5	14.b3 Sd4	24.Dc3 Lc5+
5.Lxf7+ Kxf7	15.b4+ Kc6	25.Kf1 Se3+
6.Se5+ Ke6	16.b5+ Kb6	26.Ke2 f3+
7.Dh3 Sf6	17.Sc3 Lb4	27.gxf3 Sg2
8.Dh3+ Kxe5	18.Sa4+ Ka5	28.Dc2+ Ka3
9.d4+ Kxd4	19.c3 Ld6	29.Db3#
10.Dc3+ Kxe4	20.Tb1 Kxa4	

Mehrere Beispiele gegen das Programm 3Dschach:

Beispiel 1:

1.e4 e6	12.h4 c5
2.f4 d5	13.Lg5 Le7
3.exd5 exd5	14.Lxe7 Sxe7
4.Sf3 c6	15.Sd2 cxd4
5.d4 g6	16.Sd-f3 d3
6.h3 a6	17.cxd3 b5
7.Ld3 h6	18.Sg5 f4
8.0-0 b6	19.Se-f7 Db6+
9.Lxg6!! fxg6	20.d4 0-0
10.f5 gxf5	21.Dxh5 Dxd4+
11.Se5 h5	22.Tf2 Lf5

Hier gibt Schwarz auf, und der Rest der Züge wäre so:

23.Sh6+ Kg7	30.Tc1 Tb8
24.Sgxf5+ Sxf5	31.Sxb8+ Kxb8
25.Se6+ Kf6	32.Dxd7 Ka8
26.Sxd4 Sb-d7	33.Tc7 Tf8
27.Dxf5+ Ke7	34.Ta7+ Kb8
28.De6+ Kd8	35.Db7#
29.Sc6+ Kc8	

Beispiel 2:

1.e4 e6	12.Sd2 b5	23.Lxf6+ Lxf6
2.Sf3 d5	13.Sf3 g5	24.Dg3+ Lg5
3.exd5 exd5	14.Le3 gxf4	25.Tf7+ Kg8
4.d4 c6	15.Lxf4 b4	26.hxg5 Lg4
5.h4 b6	16.Se5+ Kg7	27.g6 Dc8+
6.Ld3 h6	17.Df3 h5	28.Kb1 Sc6
7.Se5 g6	18.0-0-0 b3	29.g7 Sxe5
8.Sxf7 Kxf7	19.a3 a5	30.gxh8+ hxh8
9.f4 c5	2o.Td-f1 a4	31.Dxe5+ Kg8

10.c3 cxd4

11.cxd4 a6

21.Ld2 Sf6

22.Lg5 Le7

32.Dg7#

Beispiel 3:

1.e4 e6

2.Sf3 d5

3.exd5 exd5

4.d4 c6

5.h4 b6

6.Ld3 h6

7.Le3 g6

8.0-0 a6

9.Sb-d2 c5

10.c3 cxd4

11.cxd4 b5

12.Se5 Dxh4

13.Sxf7 Kxf7

14.f4 b4

15.f5 gxf5

16.Lxf5 Lxf5

17.Txf5+ Kg7

18.Sf3 Dd8

19.Se5 Sf6

20.Lxh6+ Txh6

21.Tg5+ Kh8

22.Df5+ Kh8

23.Sf7#

Beispiel 4:

1.e4 e6

2.f4 d5

3.exd5 exd5

4.Sf3 c6

5.h4 h6

6.d4 b6

7.Ld3 g6

8.Le3 a6

9.Se5 c5

10.Sxf7 Kxf7

11.0-0 cxd4

12.Lxd4 Dxh4

13.c3 Lc5

14.f5 gxf5

15.Lxf5 Lxd4+

16.cxd4 Lxf5

17.Txf5+ Sf6

18.Sc3 b5

19.Sxd5 b4

20.Df1 Dxd4+

21.Kh1 Dxb2

22.Txf6+ Dxf6

23.Dxf6+ Kg8

24.Se7+ Kh7

25.Dg6#

Beispiel 5:

1.e4 e6

2.Sf3 d5

3.d4 dxe4

4.Se5 c6

5.Sxf7 Kxf7

6.Le3 c5

7.f3 cxd4

11.Ld3 h6

12.0-0 a5

13.Sd2 a4

14.Se4 e5

15.Lxe5 h5

16.Sg5+ Ke7

17.Ta-e1 Dd5

21.Txf6+ Kd7

22.Lxd5 Lc5+

23.Kh1 Sa6

24.Tf7+ Kd8

25.Lc4 Ld7

26.Td1 b5

27.Tdxd7+ Kc8

8.Lxd4 exf3
9.Dxf3+ Sf6
10.c3 a6

18.Lxf6+ Kd6
19.Dg3+ Kc6
20.Le4 gxf6

28.Dh3 bxc4
29.Tb7+ Kd8
30.Dd7#

Beispiel 6:

1.e4 d5
2.exd5 Dxd5
3.Sf3 Lg4
4.Sc3 Lxf3
5.gxf3 Dd8
6.d4 Sd7
7.f4 Sf6
8.Df3 Tc8
9.Ld3 c5
10.d5 Sxd5

11.Sxd5 h5
12.Le3 Tc6
13.Lc4 e5
14.0-0 exf4
15.Sxf4 Dh4
16.Lxf7+ Kxf7
17.Dd5+ Kf6
18.Dxd7 Td6
19.Sd5+ Txd5
20.Dxd5 Th7

21.Df3+ Ke5
22.Dxf8 g5
23.Dxc5+ Ke6
24.Tf-e1 Dg4+
25.Kf1 Dh3+
26.Ke2 Dxh2
27.Kd1 Dd6+
28.Ld2+ Kd7
29.Df5+ Kd8
30.Dxh7 a5

31.Te3 Dd4
32.De7+ Kc8
33.Tc3+ Dxc3
34.bxc3 b5
35.Lxg5 a4
36.Ke1 b4
37.Td1 bxc3
38.Td8#

Beispiel 7:

1.e4 Sh6
2.Sf3 a5
3.Lc4 Sc6
4.d4 Sg4
28.Sxxf6 Db2
5.Lxf7+ Kxf7
6.Sg5+ Kg8
7.Dxg4 Sb4
8.Sc3,Sxc2+,
9.Kd1 Sxd4
10.f4 c5
11.f5 Dc7
12.Sd5 Dc7

13.Le3 Ta6
14.Tf1 d6
15.Dg3 a4
16.f6! exf6

17.Sf6+!! gxf6
18.Txf6 Lg7
19.Kd2! Se2
20.Kxe2,Lxf6
21.Se6+ Kf7
22.Sf4 Td8
23.Tf1 Ta5
24.Sh5 Db5+

25.Kf2 Dxb2+
26.Kg1 Da1
27.Dg7+ Ke6

29.Dg4+ Kf7
30.Sd7+ Ke7
31.Lg5+ Df6
32.Lxf6+,Kf7
33.Dg7+ Ke7
34.De7#

Beispiel 8:

1.e4 e6	11.Lc2 Da5	21.Dg7 Dxc2
2.Sf3 De7	12.0-0 Lc5	22.Dxf7#
3.d4 Sf6	13.Sb3 Lxd4	
4.e5 Sh5	14.Sbxd4 c6	
5.Lg5 Db4+	15.Sh4 Dc7	
6.Sc3 Dxb2	16.Dxh5 Dxe5	
7.Se4 Db4+	17.Sd-f3 g6	
8.c3 Db2	18.Dh6 Dc7	
9.Ld3 d5	19.Ta-e1 Da5	
10.Se-d2 Dxc3	20.Se5 Dxa2	

Beispiel 9:

1.e4 b6	11.cxb5+ Kb6	21.Tc1+ Tc5
2.Sf3 Lb7	12.a4 c6	22.dxc5 bxc5
3.Lc4 h6	13.a5+ Kc7	23.Ld2 Sd7
4.Lxf7+ Kxf7	14.Lf4 e6	24.Lxb4 Le7
5.Se5+ Ke6	15.Sc3 c5	25.g4 g5
6.Dg4+ Kxe5	16.b6+ axb6	26.h3 Kb5
7.d4+ Kd6	17.Sb5+ Kc6	27.Sc3+ Kxb4
8.e5+ Kc6	18.b4 Dh4	28.Tb1+ Kc4
9.Df3+ d5	19.Sc3 cxb4	29.Kd2 d4
10.c4 b5	20.Sa4 Txa5	30.Dd3#

Beispiel 10:

1.e4 c5	8.f4 Lxd6	15.Txd1 Se4
2.Sf3 Sf6	9.d4 Tc8	16.Te1 g5
3.Lc4 d5	10.0-0 Te8	17.Txe4
4.exd5 Lf5	11.Te1 Lxf4	schwarz gibt auf.
5.Sg5 Sb-d7	12.Lxf4 Lh3	
6.Sxf7 Kxf7	13.gxh3 Se5	
7.d6+ e6	14.dxe5 Dxd1	

Beispiel 11:

1.e4 b5	11.fxe5+ Kxe5	21.Txe4+ Kf5
2.Sf3 c6	12.Dc2 Lxd6	22.Dxd6 g5
3.c4 a6	13.0-0 Sf6	23.De6#
4.Sg5 e5	14.Te1+ Se4	
5.Sxf7 Kxf7	15.d4+ Kxd4	
6.f4 bxc4	16.Dd3+ Ke5	
7.Lxc4+ d5	17.Sc3 Lf5	
8.exd5 Dh4+	18.Lf4+ Dxf4	
9.g3 Dg4	19.gxf4+,Kxf4	
10.d6+ Kf6	20.Sxe4 Lxe4	

Beispiel 12:

1.e4 d5	12.0-0 Sxg5	23.Dg6 Dd7
2.exd5 Dxd5	13.fxg5 Tc8	24.Sg5 Txg5
3.Sf3 Sf6	14.gxf6 exf6	25.Lxg5 Le5
4.Sc3 Dc5	15.Se4 Dc6	26.dxe5 Dd4+
5.d4 Dd6	16.Df4 Lf3	27.Kh1 Dd7
6.Lc4 Sb-d7	17.Txf3 Td8	28.e6 De7
7.Lxf7+ Kxf7	18.Df5+ Kf7	29.Tf7 Dxg5
8.Sg5+ Kg6	19.Sg5+ Kg8	30.Tf8+ Kxf8
9.h4 Se5	20.Se6 Td5	31.Df7#
10.f4 Lg4	21.De4 h5	
11.Dd2 Sf	22.Txf6 Ld6	

Beispiel 13:

1.e4 g6	12.Sc3 Lxf5	23.Dxf3 Tc8
2.Sf3 f5	13.Txf5 Dd6	24.Le5+ Ke8
3.Lc4 Sc6	14.Tf7+ Kg8	25.Lxh8 c5
4.Lf7+ Kxf7	15.h5 Dg3	26.Te1 Tc6
5.Sg5+ Kf6	16.Sxd5 gxh5	27.Dxh5+ Kd7

6.d4 fxe4	17.Lf4 Dxg5	28.Df5+ Ke8	
7.f3 Sh6	18.Lxg5 Kxf7	29.Lf6 a6	
8.fxe4 Tb8	19.Df3+ Kg6	30.Dxh7 Te6	
9.0-0+ Sf5	20.Lf4 Sxd4	31.Sc7+ Kd7	
10.exf5 Kg7	21.Dg3+ Kf7	32.Sxe6 Kc6	
11.h4 d5	22.Df2 Sf3+	33.Lg5 1-0	

Beispiel 14:

1.e4 c5	12.Dd4 Lg4	23.Sa3 Td8	34Td-d2 a5
2.Sf3 Sf6	13.Dc5+ Kd7	24.d4 Td-d6	35.Sb5 Txg2+
3.Lc4 Sxe4	14.Dxd5+ Ke8	25.f5 g5	36.Txg2 axb4
4.Lxf7+ Kxf7	15.Dxc4 Ld1	26.hxg5 Th8	37.Dc7+ Ke6
5.Se5+ Ke6	16.0-0 Sd7	27.g6 Lh6	38.Td-e2+ Kf5
6.Dg4+ Kxe5	17.Txd1 Sf6	28.Lxh6 Txh6	39.De5#
7.f4+ Kd4	18.Te1 Dd5	29.Df4 Tdxg6	
8.Df3 c4	19.Df1 Se4	30.fxg6 Txg6	
9.c3+ Kc5	20.d3 Sf2	31.Te2 Tg4	
10.Dxe4 d5	21.Dxf2 h5	32.Db8+ Kd7	
11.b4+ Kc6	22.h4 Th6	33.Td1 Df3	

Beispiel 15:

1.e4 c5	12.Sa3 Lg4	23.De6+ Ke8	34.Dh7 b5
2.Sf3 Sf6	13.Sb5+ Ke6	24.Dxh6 Td8	35.Tf-e1 Dc5+
3.Lc4 Sxe4	14.0-0 h5	25.f6 Dxc3	36.Kh1 d4
4.Lxf7+ Kxf7	15.De5+ Kf7	26.f7+ Kd7	37.Dh3+ Ke8
5.Se5+ Ke6	16.f5 Th6	27.f8-D Txf8	38.Dxd3
6.Dg4+ Kxe5	17.d3 Sc3	28.Dxf8 cxd3	1-0
7.f4+ Kd4	18.De1 g5	29.Sf3 Lxf3	
8.Df3 c4	19.Lxg5 Se5	30.Df5+ Kd6	
9.c3+ Kc5	20.Dxe5 Db6+	31.Dxf3 h4	
10.Dxe4 d5	21.Dd4 Dxb2	32.Df4+ Kd7	
11.Dd4+ Kd6	22.Lxh6 Lxh6	33.Dxh4 a6	

Beispiel 16:

1.e4 c5	11.c3+ Kxc4	21.Tb1+ Ka6
2.Sf3 Sf6	12.Dxe4+ Sd4	22.Sc5#
3.Lc4 Sxe4	13.cxd4 Lb4	
4.Lxf7+ Kxf7	14.dxe5+ Kc5	
5.Se5+ Ke6	15.a3 Lxd2+	
6.Dg4+ Kxe5	16.Lxd2 d5	
7.f4+ Kd4	17.Dc2+ Kb6	
8.Df3 c4	18.Sc3 Dh4+	
9.b3 Sc6	19.g3 Td8	
10.bxc4 e5	20.Sa4+ Kb5	

DRITTER TEIL

SCHÖNSTE SPIELE VON ROBERT (BOBBY) FISCHER

Fischer-Robert James, genannt Bobby, amerikanischer Großmeister von 1972 bis 1975, erlernte das Spiel mit 6 Jahren, war bereits mit 14 Jahren US-Champion und wurde 15jährig jüngster Großmeister der Schachgeschichte und gewann wieder gegen Boris Spasski im Jahr 1992 die Weltmeisterschaft.

Grünfeldindisch

Byrne-Fischer 1964

1.d4 Sf6	11.La3 Te8
2.c4 g6	12.Dd2 e5!
3.g3 c6	13.dxe5 Sxe5
4.Lg2 d5	14.Td1 Sd3!
5.cxd5 cd5	15.Dc2 Sxf2!
6.Sc3 Lg7	16.Kxf2 Sg4+
7.e3 0-0	17.Kg1 Sxe3
8.Se2 Sc6	18.Dd2 Sxg2
9.0-0 b6	19.Kxg2 d4
10.b3 La6	20.sxd4 Lb7+ Weiß gibt auf.

Grünfeldindisch

Byrne-Fischer

1.Sf3 Sf6	12.Da3 Sxc3	23.Kg1 axb6	34.Se5 Kg7
2.c4 g6	13.bxc3 Sxe4	24.Db4 Ta4	35.Kg1 Lc5+
3.Sc3 Lg7	14.Lxe7 Db6!	25.Dxb6 Sxd1	36.Kf1 Sg3+
4.d4 0-0	15.Lc4 Sxc3	26.h3 Txa2	37.Ke1 Lb4+
5.Lf4 d5	16.Lc5 Tf-e8+	27.Kh2 Sxf2	38.Kd1 Lb3+
6.Db3 dxc4	17.Kf1 Le6!	28.Te1 Txe1	39.Kc1 Se2+
7.Dxc4 c6	18.Lxb6 Lxc4+	29.Dd8+ Lf8	40.Kb1 Sc3+

8.e4 Sb-d7
9.Td1 Sb6
10.Dc5 Lg4
11.Lg5 Sa4!

19.Kg1 Se2+
20.Kf1 Sxd4+
21.Kg1 Se2+
22.Kf1 Sc3+

30.Sxe1 Ld5
31.Sf3 Se4
32.Db8 b5
33.h4 h5

41.Kc1 Tc2#

Nimzoindisch

Spasski-Fischer Reykjavik 1972

1.d4 Sf6
2.c4 e6
3.Sc3 Lb4
4.Sf3 c5
5.e3 Sc6
6.Ld6 Lxc3+
7.bxc3 d6
8.e4 e5
9.d5 Se7
10.Sh4 h6

11.f4 Sg6
12.Sxg6 fxg6
13.fxe5 dxe5
14.Le3 b6
15.0-0 0-0
16.a4 a5
17.Tb1 Ld7
18.Tb2,Tb8
19.Tb-f2 De7
20.Lc2 g5

21.Ld2 De8
22.Le1 Dg6
23.Dd3 Sh5
24.Txf8+ Txf8
25.Txf8+ Kxf8
26.Ld1 Sf4
27.Dc2 Lxa4
Weiß gibt auf.

DamenGambit

Fischer-Spasski

1.c4 e6
41.Df4
2.Sf3 d5
1-0
3.d4 Sf6
4.Sc3 Le7
5.Lg5 0-0
6.e3 h6
7.Lh4 b6
8.cxd5 Sxd5
9.Lxe7 Dxe7

11.Tc1 Le6
12.Da4 c5
13.Da3 Tc8
14.Lb5 a6
15.dxc5 bxc5
16.0-0 Ta7
17.Le2 Sd7
18.Sd4 Df8
19.Sxe6 fxe6

21.f4 De7
22.e5 Tb8
23.Lc4 Kh8
24.Dh3 Sf8
25.b3 a5
26.f5 exf5
27.Txf5 Sh7
28.Tc-f1 Dd8
29.Dg3 Te7

31.e6 Tb-c7
32.De5 De8
33.a4 Dd8
34.T1-f2 De8
35.T2-f3 Dd8
36.Ld3 De8
37.De4 Sf6
38.Txf6 gxf6
39.Txf6 Kg8

10.Sxd5 exd5   20.e4 d4   30.h4 T8-b7   40.Lc4 Kh8

Englisch

Fischer-Spasski

1.c4 c5	11.Df4 Da5	21.Sxe7+ Kf8	31.Td2 La3
2.Sc3 Sc6	12.Ta-c1 Ta-b8	22.Txd2 Kxe7	32.f5+ gxf5
3.Sf3 Sf6	13.b3 Tf-c8	23.Txc4 Tb1+	33.exf5+ Ke5
4.g3 g6	14.Dd2 a6	24.Lf1 Sc5	34.Tc-d4 Kxf5
5.Lg2 Lg7	15.Le3 b5	25.Kg2 a5	35.Td5+ Ke6
6.0-0 0-0	16.La7 bxc4	26.e4 La1	36.Txd6+ Ke7
7.d4 cxd4	17.Lxb8 Txb8	27.f4 f6	37.Tc6
8.Sxd4 Sxd4	18.bxc4 Lxc4	28.Te2 Ke6	1-0
9.Dxd4 d6	19.Tf-d1 Sd7	29.Te-c2 Lb2	
10.Lg5 Le6	20.Sd5 Dxd2	30.Le2 h5	

Damengambit

Fischer-Spasski

1.c4 e6	12.Da4 c5	23.Lc4 Kh8	34.T-f2 De8
2.Sf3 d5	13.Da3 Tc8	24.Dh3 Sf8	35.Tf3 Dd8
3.d4 Sf6	14.Lb5 a6	25.b3 a5	36.Ld3 De8
4.Sc3 Le7	15.dxc bxc	26.f5! exf	37.De4 Sf6
5.Lg5 0-0	16.0-0 Ta7	27.Txf5 Sh7	38.Txf6 gxf
6.e3 h6	17.Le2 Sd7	28.Tc-f1 Dd8	39.Txf6 Kg8
7.Lh4 b6	18.Sd4 Df8	29.Dg3 Te7	4o.Lc4 Kh8
8.cxd Sxd5	19.Sxe6 fxe	3o.h4 Tb-b7	41.Df4
9.Lxe7 Dxe7	2o.e4! d4	31.e6 Tb-c7	Schwarz gibt auf.
10.Sxd5 exd	21.f4 De7	32.De5 De8	
11.Tc1 Le6	22.e5 Tb8	33.a4 Dd8	

Sizilianisch

Spasski-Fischer

1.e4 c5	12.Df3 Le6	23.Lxa6 Txc2	34.Kf3 Ta1
2.Sf3 e6	13.Tf-e1 c5	24.Te2 Txe2	35.Kg2 Ke5
3.d4 cxd4	14.Lxf6 Dxf6	25.Lxe2 Td8	36.Le6 kf4
4.Sxd4 a6	15.Dxf6 gxf6	26.a4 Td2	37.Ld7 Tb1
5.Sc3 Sc6	16.Ta-d1 Tf-d8	27.Lc4 Ta2	38.Le6 Tb2
6.Le3 Sf6	17.Le2 Ta-b8	28.Kg3 Kf8	39.Lc4 Ta2
7.Ld3 d5	18.b3 c4	29.Kf3 Ke7	40.Le6 h5
8.exd5 exd5	19.Sxd5 Lxd5	30.g4 f5	41.Ld7
9.0-0 Ld6	2o.Txd5 Lxh2+	31.gxf5 f6	0-1
10.Sxc6 bxc6	21.Kxh2 Txd5	32.Lg8 h6	
11.Ld4 0-0	22.Lxc4 Td2	33.Kg3 Kd6	

Die Weltmeisterschaft 1992

Benoni

Spasski-Fischer

1.d4 Sf6	11.bxc3 Dxc3+		
21.Kg1 0-0-0	31.Te2 Lb5		
2.c4 c5	12.Kf1 f5	22.Lf1 Tg8	32.Td2 e5
3.d5 d6	13.Ta-c1 Df6	23.f4 Sxc4	33.dxe6 Lc6
4.Sc3 g6	14.h4! g4!	24.Sh5 Df7	34.Kf1 Lxf3
5.e4 Lg7	15.Ld3 f4	25.Dxc4 Dxh5	Weiß gibt auf.
6.Lg5 h6	16.Se2 fxg3	26.Tb2 Tg3	
7.Lh4 g5	17.Sxg3 Tf8	27.Le2 Df7	
8.Lg3 Da5	18.Tc2 Sd7!	28.Lf3 Tg8	
9.Ld3 Sxe4	19.Dxg4 Se5	29.Db3 b6	
10.Lxe4 Lxc3+	20.De4 Ld7	30.De3 Df6	

Sizilianisch

Fischer-Spasski

1.e4 c5	11.Lxd4 b5	21.Tg1 a5	31.axb3 Td8
2.Sc3 Sc6	12.g5 Sd7	22.g6! Lf6	32.Dg2 Tf8
3.Se2 d6	13.h4 b4	23.gxh7+ Kh8	33.Tg8+! Kxh7
4.d4 cxd4	14.Sa4! Lb7	24.Lg5 De7	34.Tg7+ Kh8
5.Sxd4 e6	15.Sb6! Tb8	25.Tg3 Lxg5	35.h7
6.Le3 Sf6	16.Sbxd7 Dxd7	26.Txg5 Df6	Schwarz gibt auf.
7.Dd2 Le7	17.Kb1 Dc7	27.Tg1 Dxf3	
8.f3 a6	18.Ld3 Lc8	28.Txg7 Df6	
9.0-0-0 0-0	19.h5 e5	29.h6 a4	
10.g4 Sxd4	20.Le3 Le6	30.b3 axb3	

Königsindisch

Spasski-Fischer

1.d4 Sf6	11.a4 Sb4	21.Kf1 Dd7
2.c4 g6	12.Le2 b6	22.Db1 Lxa1
3.Sc3 Lg7	13.g4 hxg4	23.Tg1+ Kh8
4.e4 d6	14.fxg4 c5!	24.Dxa1+ f6
5.f3 0-0	15.h5 cxd4	25.Db1 Tg8
6.Le3 Sc6	16.Sbxd4 Sd-c5	26.Tg6 Txg6
7.Se2 a6	17.Sd5 Lb7!	27.hxg6 Kg7
8.h4 h5	18.Sf5 gxf5	Weiß gibt auf.
9.Sc1 Sd7	19.gxf4 Lxd5	
10.Sb3 a5!	20.exd5 Lxb2	

Sizilianisch

Fischer-Spasski

1.e4 c5	11.Lb2 d6	21.Sf5+ gxf5	31.Tc5+ Kd4	41.Kd6
2.Sf3 Sc6 gibt auf.	12.Sxd4 Dd7	22.exf5+ Le5	32.Txa5 b3	Schwarz

3.Lb5 g6	13.Sd2 Lb7	23.f4 Tc8	33.Ta7 Le8
4.Lxc6 bxc6	14.Sc4 Sh6	24.fxe5 Txc2	34.Tb7 Kc3
5.0-0 Lg7	15.Sf5 Lxb2	25.e6 Lc6	35.Kf2 b2
6.Te1 e5	16.Scxd6+ Kf8	26.Tc1.Txc1	36.Ke3 Lf7
7.b4 cxb4	17.Sxh6 f6	27.Txc1 Kd6	37.g4 Kc2
8.a3 c5	18.Sd-f7 Dxd1	28.Td1+ Ke5	38.Kd4 b1D
9.axb4 cxb4	19.Taxd1 Ke7	29.e7 a5	39.Txb1 Kxb1
10.d4 exd4	20.Sxh8 Txh8	30.Tc1 Ld7	40.Kc5 Kc2

Ruy Lopez

Fischer- P.Keres 1959

1.e4 e5	11.d4 Sd7	21.Ta-d1 g6	31.De4 Dd6	41.Kg3,
2.Sf3 Sc6 gibt auf.	12.dxc5 dxc5	22.Sg4 Sc4	32.Sf4 Te7	Schwarz
3.Lb5 a6	13.Sb-c2 Dc7	23.Lh6 Le6	33.Lg5 Te8	
4.La4 Sf6	14.Sf1 Sb6	24.Lb3 Db8	34.Lxd8 Txd8	
5.0-0 Le7	15.Se3 Td8	25.Txd8+ Lxd8	35.Sxe6 Dxe6	
6.Te1 b5	16.De2 Le6	26.Lxc4 bxc4	36.Dxe6 fxe6	
7.Lb3 d6	17.Sd5! Sxd5	27.Dxc4 Dd6	37.Txe6 Td1+	
8.c3 0-0	18.exd5 Lxd5	28.Da4 De7	38.Kh2 Td2	
9.h3 Sa5	19.Sxe5 Ta7	29.Sf6+ Kh8	39.Tb6 Txf2	
10.Lc2 c5	2o.Lf4 Db6	30.Sd5 Dd7	4o.Tb7 Tf6	

Franzosisch

Fischer-P.Benko

1.e4 e6	11.Sxf6+ Lxf6	21.Kb1 Dxf2	31.Td6 Lxb2
2.d4 d5	12.Df4 c5	22.Dxf5 Dxf5	32.Kxb2 axb5
3.Sc3 Sf6	13.dxc5 Da5	23.Lxf5 g6	33.a5 Ta8
4.Lg5 dxe4	14.Dc4 Le7	24.Ld3 Ta-d8	34.a6 Kh5
5.Sxe4 Le7	15.h4 Dxc5	25.h5 Kg7	35.Kb3 g5
6.Lxf6 Lxf6	16.De4 f5	26.hxg6 hxg6	36.Kb4 Kg4

7.Sf3 Sd7	17.De2 b5	27.Lxb5 Txd1+	37.Kxb5 Kg3
8.Dd2 Le7	18.Sg5 Lf6	28.Txd1 Tb8	38.Td7 g4
9.0-0-0 Sf6	19.Sxe6 Lxe6	29.a4 a6	39.a7
10.Ld3 0-0	20.Dxe6+ Kh8	30.Td7+ Kh6	Schwarz gibt auf.

Königsindisch

Kortchnoi-Fisacher

1.d4 Sf6	13.b4 Sb7	25.Ta6 Db8	37.b5 Se5
2.c4 g6	14.Db3 Ld7	26.Ta7 Tc7	38.Sxd6 Td8
3. g3 Lg7	15.La3 a6	27.Txc7 Dxc7	39.Tb6 Kg5
4.Lg2 0-0	16.Sc4 b5	28.Sxb5 Lxb8	40.Ta6 Sxd5
5.Sc3 d6	17.Sd2 Db6	29.Lxb5 Sf7	41.b6 Sb4
6.Sf3 Sc6	18.Lb2 f5	30.Lxg7 Kxg7	42.Ta4 Txd6
7.0-0 e5	19.Ta3 Lh6	31.Lc6 Sxc6	43.Txb4 Td1+
8.d5 Se7	20.e3 Ta-c8	32.Tc1 Da7	44.Kg2 Sf3
9.c5 Sd7	21.axb5 axb5	33.Dxa7 Sxa7	Weiß gibt auf.
10.cxd6 cxd6	22.Da2 Lg7	34.Tc7 Sb5	
11.a4 Sc5	23.Ta1 e4	35.Tb7 Sc3	
12.Sd2 b6	24.Lf1 Sd8	36.Sc4 Kf6	

Sizilianisch

Fischer-Geller

1.e4 c5	13.exd5 Lc5	25.De5 h6	37.Tc1 Dc7
2.Sf3 Sc6	14.Da4 Lb7	26.Lf3 Td2	38.Tf-d1 g5
3.d4 cxd4	15.Le3 exd5	27.b4 Tf2	39.fxg5 Kg6
4.Sxd4 Sf6	16.Ld4 Te8	28.Te-e1 Txf3	40.gxh6 Kxh6
5.Sc3 d6	17.Td1 Sg4	29.Txf3 Te8	41.Td6+ Kg7
6.Lc4 e6	18.h3 Dh4	30.Dxe8+ Sxe8	42.Td4 Kg6
7.Lb3 Le7	19.Td-f1! Lxd4	31.Txe8+ Kh7	43.Ta4
8.0-0 Sxd4	20.Dxd4 Ta-d8	32.c5 Df6	Schwarz gibt auf.
9.Dxd4 0-0	21.Sxd5 Lxd5	33.Te1 bxc5	

10.f4 b6   22.Lxd5 Sf6   34.bxc5 Db2

11.Kh1 La6   23.c4 Td7   35.Tf-f1 Dxa2

12.Tf3 d5   24.Te3 Te-d8   36.c6 Da5

Evans Gambit

Fisacher-Fine 1963

1.e4 e5   10.Sd5 Sxd5

2.Sf3 Sc6   11.exd5 Se5

3.Lc4 Lc5   12.Sxe5 Dxe5

4.b4 Lxb4   13.Lb2 Dg5

5.c3 La5   14.h4 Dxh4

6.d4 exd4   15.Lxg7 Tg8

7.0-0 dxc3   16.Tf-e1+ Kd8

8.Db3 De7   17.Dg3

9.Sxc3,Sf6   Schwarz gibt auf.

Sizilianisch

Fischer-Dely 1967

1.e4 c5   10.Dxd4 d5

2.Sf3 d6   11.Le3 Sxe4

3.d4 cxd4   12.Sxe4 dxe4

4.Sxd4 Sf6   13.f5 Db4

5.Sc3 Sc6   14.fxe6 Lxe6

6.Lc4 e6   15.Lxe6 fxe6

7.Lb3 a6   16.Txf8+ Dxf8

8.f4 Da5   17.Da4+

9.0-0 Sxd4   Schwarz gibt auf.

Sizilianisch

Fischer-Najdorf 1962

1.e4 c5	11.0-0 d5	21.Td6 Dd6
2.Sf3 d6	12.Te1 e5	22.Db3 Dc7
3.d4 cxd4	13.Da4+ Sd7	23.Lxf7+ Kd8
4.Sxd4 Sf6	14.Txe4 dxe4	24.Le6
5.Sc3 a6	15.Sf5 Lc5	Schwarz gibt auf.
6.h3 b5	16.Sg7+ Ke7	
7.Sd5 Lb7	17.Sf5+ Ke8	
8.Sxf6+ gxf6	18.Le3 Lxe3	
9.c4 bxc4	19.fxe3 Db6	
10.Lxc4 Lxe4	20.Td1 Ta7	

Sizilianisch

Fischer-Reshevsky 1961

1.e4 c5	11.f5 Lc8	21.Sxd5 Kh8	31.Txg6+ fxg6
2.Sf3 Sc6	12.exd5 Sb4	22.Lf4 Dg6	32.Sd4 Ta-d8
3.d4 cxd4	13.Lf3 gxf5	23.Dd2 Lxh3	33.Le5 Td7
4.Sxd4 g6	14.a3 fxg4	24.Txg3 Lg4	34.Sxe6 Txe6
5.Sc3 Lg7	15.Lg2 Sa6	25.Th1 Tf-e8	35.Sg4 Tf7
6.Le3 Sf6	16.Dd3 e6	26.Se3 De4	36.Dg5 Tf1+
7.Le2 0-0	17.0-0-0 Sxd5	27.Dh2 Le6	37.Kd2 h5
8.f4 d6	18.h3 g3	28.Txg7 Kxg7	38.Dd8+
9.Sb3 Le6	19.Th-g1 Dd6	29.Dh6+ Kg8	Schwarz gibt auf.
10.g4 d5	20.Lxd5 exd5	30.Tg1+ Dg6	

Sizilianisch

Fischer-Reshevsky 1958

1.e4 c5 Txb7	11.Se6 dxe6	21.Ta-d1 Sd8	31.b5 Sd8	41.Txb7+
2.Sf3 Sc6	12.Dxd8 Sc6	22.Sd7 Tc6	32.Td5 Sf7	42.Da8

3.d4 cxd4 gibt auf	13.Dd2 Lxe5	23.Dh4 Te6	33.Tc5 a6	Schwarz
4.Sxd4 g6	14.0-0 Sd6	24.Sc5 Tf6	34.b6 Le4	
5.Sc3 Lg7	15.Lf4 Sc4	25.Se4 Tf4	35.Te1 Lc6	
6.Le3 Sf6	16.De2 Lxf4	26.Dxe7+ Tf7	36.Txc6 bxc6	
7.Lc4 0-0	17.Dxc4 Kg7	27.Da3 Sc6	37.b7 Ta-b8	
8.Lb3 Sa5	18.Se4 Lc7	28.Sd6 Lxd6	38.Dxa6 Sd8	
9.e5 Se8	19.Sc5 Tf6	29.Txd6 Lf5	39.Tb1 Tf7	
10.Lxf7+ Kxf7	20.c3 e5	30.b4 Tf-f8	40.h3 Tfxb7	

Sizilianisch

Fischer-Gligoric 1959

1.e4 c5	11.Le3 Tc8	21.Kb1 Db6	31.Th1 Dd4
2.Sf3 Sc6	12.0-0-0 Sc4	22.Df3 Tc5	32.Dh7+
3.d4 cxd4	13.De2 Sxe3	23.Dd3 Lxc3	Schwarz gibt auf.
4.Sxd4 Sf6	14.Dxe3 0-0	24.Sxc3 Sxf4	
5.Sc3 d6	15.g4 Da5	25.Df3 Sh5	
6.Lc4 Ld7	16.h4 e6	26.Txh5 gxh5	
7.Lb3 g6	17.Sd-e2 Tc8	27.Dxh5 Le8	
8.f3 Sa5	18.g5 hxg5	28.Dh6 Txc3	
9.Lg5 Lg7	19.hxg5 Sh5	29.bxc3 Txc3	
10.Dd2 h6	20.f4 Tf-c8	30.g6 fxg6	

Silianisch

Fischer-Cardoso 1957

1.e4 c5	11.Df3 Dc7	21.Ta-f1 Lb7	31.gxh7
2.Sf3 d6	12.g4 Sxb3	22.Ld4 b4	Schwarz gibt auf.
3.d4 cxd4	13.axb3 Tb8	23.Lxg7+ Kxg7	
4.Sxd4 Sf6	14.g5 Sd7	24.Dh6+ Kh8	
5.Sc3 a6	15.f5 Se5	25.g6 Dc5+	
6.Lc4 e6	16.Dg3 Kh8	26.T1-f2 fxg6	

7.0-0 Le7	17.Sf3 Sxf3+	27.fxg6 Dg5+
8.Le3 0-0	18.Txf3 b5	28.Dxg5 Lxg5
9.Lb3 Sc6	19.Dh4 exf5	29.Txf8+ Txf8
10.f4 Sa5	20.exf5 Dc6	30.Txf8+ Kg7

Sizilianisch

Fischer-Kupper 1959

1.e4 c5	11.f4 Lb7	21.De3 Lg7
2.Sf3 Sc6	12.f5 e5	22.f6 Th8
3.d4 cxd4	13.Dd3 h6	23.Tf1 Db5
4.Sxd4 Sf6	14.Tf3 Tc8	24.Df3 Tc4
5.Sc3 d6	15.Th3 Kh7	25.Df5+
6.Lc4 e6	16.Le3 Dd7	Schwarz gibt auf.
7.Lb3 Le7	17.Sd5 Lxd5	
8.0-0 Sxd4	18.Lxd5 Sxd5	
9.Dxd4 0-0	19.exd5 Lf6	
10.Kh1 b6	2o.Lxh6 gxh6	

Sizilianisch

Fischer-Panno 1970

1.e4 c5	11.e5 Ld7	21.Lh6 Sd7	31.Lxg6 Sg5
2.Sf3 e6	12.Sc3 Tc8	22.Dg5 Txc1	32.Sh5 Sf3+
3.d3 Sc6	13.Lf4 Sa5	23.Txc1 Lxh6	33.Kg2 Sh4+
4.g3 g6	14.Tc1 b5	24.Dxh6 Tc8	34.Kg3 Sxg6
5.Lg2 Lg7	15.b3 b4	25.Txc8+ Sxc8	35.Sf6+ Kf7
6.0-0 Sg-e7	16.Se2 Lb5	26.h5 Dd8	36.Dh7+
7.Te1 d6	17.Dd2 Sa-c6	27.Sg5 Sf8	Schwarz gibt auf.
8.c3 0-0	18.g4 a5	28.Le4 De7	
9.d4 cxd4	19.Sg3 Db6	29.Sxh7 Sxh7	
10.cxd4 d5	20.h4 Sb8	30.hxg6 fxg6	

Sizilianisch

Fischer-Sherwin 1957

1.e4 c5	11.e5 Sd5	21.gxh4 Tb7	31.Th7+ Ke8
2.Sf3 e6	12.exd6 Lxd6	22.h6 Dxh4	32.Dxf6 Txh7
3.d3 Sc6	13.Se4 c4	23.hxg7 Kxg7	33.Lc6+
4.g3 Sf6	14.Sxd6 Dxd6	24.Te4 Dh5	Schwarz gibt auf.
5.Lg2 Le7	15.Sg5 Sc-e7	25.Te3 f5	
6.0-0 0-0	16.Dc2 Sg6	26.Th3 De8	
7.Sb-d2 Tb8	17.h4 Sf6	27.Le5+ Sf6	
8.Te1 d6	18.Sxh7 Sxh7	28.Dd2 Kf7	
9.c3 b6	19.h5 Sh4	29.Dg5 De7	
10.d4 Dc7	20.Lf4 Dd8	30.Lxf6 Dxf6	

DER GOLDENE SCHLÜSSEL IN DER STRATEGIE

DER SILBERNE SCHLÜSSEL IN DER STRATEGIE

EINFÜHRUNG

Der goldene Schlüssel in der Strategie 11 heißt der silberne Schlüssel in der Strategie. Das erste Buch war für ein schnelles Spiel gegen einen einfachen Menschen, der im kopf bis zu drei Stufen hat, der in seiner kurzen Spielzeit nicht all die Möglichkeiten sehen kann und all die Varianten nicht berechnen kann. Das Wissen eines solchen Menschen ist nicht so groß und mächtig, und nicht so perfekt und genau. Ein Mensch spielt nach Laune und Stil, es kommt immer auf den Menschen an , wie gut und kreativ er ist und wie geduldig und wie stark er im Kopf ist. Um sehr gut Schach spielen zu können, braucht ein Mann einen starken Kopf.

Das Spiel in der zweiten Stufe sieht genauso aus wie bei der ersten Stufe, erfolgreich ist es aber länger und endet nicht wie bei der ersten Stufe nach wenigen Zügen, sondern dauert bis zum 50-sten oder bis zum 60-sten Zug. Da soll der Spieler ruhig bleiben, nicht auf einmal in die erste Stufe stürzen, er soll geduldig und vorsichtig spielen, sich für die Züge Zeit lassen, nicht schnelle Züge machen und nicht schnell attackieren. Schnelle Attacke gehört zur ersten Stufe, besonders eine direkte Attacke auf das Feld f7, was zu einem kurzen und schnellen Spiel führt.

Für die erste Stufe haben wir die erste und die zweite und die dritte Stufe von den Schachprogrammen gewählt, die die Leistung eines normalen Menschen erfordern. Für die zweite Stufe haben wir die höheren Stufen von der vierten bis zur siebzehnten Stufe, das heißt von der vierten bis zur siebzehnten Tiefe gewählt, die die vielen Möglichkeiten auf dem Brett finden und zeigen können. Bei den Turnieren können die Teilnehmer natürlich nicht wie die starken Schachprogramme spielen, das heißt: nicht wie bei den höheren Stufen der Programme. Aber es gibt immer welche, die sich gut mit dem Schachspielen auskennen, die wissen, wie alles auf dem Schachbrett läuft, und gegen sie soll man stark sein. Bei einem Turnier soll man erst wissen, ob der Gegner auf dem Brett stark ist oder schwach, so soll man seine ersten Züge gut beobachten.

Beispiel : 1 (Lewis, W. gegen ?   1820):

1. e4 e5   7 . Kf2 h6
2 . f4 exf4   8 . Lb5+ Kd8
3. Sf3 g5   9 . Te1 Dc5+
4. h4 g4   10 . d4 Dxb5
5 . Sg5 d5   11 . Sxf7+ Kd 7
6 . exd5 De 7+ 12 . Dxg4 #

Bei diesem Beispiel ist der Gegner von Lewis ein einfacher Spieler gewesen, und die weiße Figur könnte mit ihren Zügen ihn führen, und das ist genau das, was ein starkes Schachprogramm macht: es führt seinen Gegner auf dem Brett, und so verliert der Gegner seine Schwerfiguren hinter einander und geht dann in eine schlechte Position, und so verliert der Gegner das Spiel.

DIE LEHRE

Beim Beispiel 1 hat die schwarze Figur bis zum siebten Zug richtig gespielt, dann muss man das Brett drehen, und dann sieht man erst, wie die schwarze Figur ab dem siebten Zug spielen sollte:

Folge:

7 . Kf2 g3+

8 . Kg1 h6

9 . Sf3 Dc5+

10 . Sd4 Dx #

oder :

8 . Kf3 h6   12 . Sxg4 hxg4+

9 . Se4 h5   13 . Kxg4 Sf6+

10 . Lb5+ c6   14 . Kf3 De4 #

11 . Sf2 Lg4+

Beispiel : 2 (Lewis, W. gegen ? 1820):

1 . e4 e5   9 . Sc3 h5

2 . f4 exf4   10 . Sd5+ Kd8

3 . Sf3 g5   11 . Df3 Dd6

4 . h4 g4   12 .d4 Sc6

5 . Sg5 h6   13 . Lxf4 Sxd4

6 . Sxf7 Kxf7   14 . Dg3 Dc5
7 . Dxg4 Df6   15 . Lxc7+ Ke8

8 . Lc4+ Ke 7   16 . Dg6 #

Auch hier ist der Gegner von Lewis ein einfacher Spieler gewesen, und die weiße Figur hat mit ihren Zügen die schwarze Figur geführt.Aber wenn die schwarze Figur ab dem sechsten Zug, so wie es unten kommt, gespielt hätte, wäre sie in einer besseren Situation:

6 . Sxf7 Df6   10 . Ld3 Lg4

7 . Sxh8 d5   11 . Dd2 Ld6

8 . exd5 h5   12 . Lg6+ Kd7

9 . d4 g3   13 . Dd3 Dxh8

Beispiel: 3 (? gegen Lewis, W. 1820):

1 . e4 e5	10 . g3 Dh3+	19 . Kc3 Sxe4+
2 . f4 exf4	11 . Kf2 Dg2+	20 . Kb3 Sd4+
3 .Sf3 g5	12 . Ke3 Lh6+	21 . Ka4 Ld7+
4 . Lc4 g4	13 . Sf4 Lxf4+	22 . Ka5 b6+
5 . Se5 Dh4+	14 . gxf4 f2	23 . Kb4 a5+
6 . Kf1 Sf6	15 . d3 g3	24 . Ka3 Sxc2+
7 . Lxf7+ Ke 7	16 . hxg3 Lg4	25 . Kb3 La4+
8 . Lc4 d6	17 . Df1 Dxg3+	26 . Kxa4 Sc5+
9 . Sd3 f3	18 . Kd4 Sc6+	27 . Kb5 Sd4 #

Bei diesem Beispiel spielt die schwarze Figur stark und führt selbst das Spiel, und auf dem Brett kommt sie auch in eine gute Position, und dann holt sie den weißen König in Mattposition.

Beim Beispiel 3 spielt die weiße Figur bis zum vierten Zug richtig, aber ab dem vierten Zug sollte sie so spielen:

5 . Lxf7+ Kxf7

6 . Se5+ Ke8

7 . Dxg4 Sf6

8 . Dxf4 d6

9 . Sf3 Lg7   usw.

Das wäre das richtige Spiel der weißen Figur.

Die Beispiele, die wir im ersten Buch hatten, waren alles Spiele gegen die dritte Stufe der Schachprogramme. In diesem Buch haben wir mit starken Gegnern zu tun, die in ihrer Sache gut sind, gegen die höheren Stufen der Schachprogramme.

Der normale Anfang, der häufig gewählt wird:

1 . e4 e5

2 . f4 exf4

3 . Sf3 g5

4 . Lc4 g4

Er wird aus vielen Gründen in der vierten Stufe des Programms 3DSchach anders gespielt. Zum Beispiel der Zug Sd2 in der Anfangsphase ist ein schlechter Zug, der sinnlos ist und zum Partieverlust führt; aber spielt man ihn anders, nämlich Sa3, so bringt der Zug Gewinn. So ist es, dass beim Spiel gegen einen starken Gegner ein schlechter Zug, der am Anfang gespielt wird und keinen Sinn hat, später zum Partieverlust führt. Der Grund für einen Partieverlust ist nicht, dass der Gegner stark gespielt hat, sondern dass irgendein Zug in der Anfangsphase falsch gewesen sein muss.

Beispiel: 4 (Lewis, W. gegen Walker, G. 1827):

1 . e4 e5	11 . d4 g4	21 . Tf3 De 7
2 . f4 d5	12 . Lxg4 Sxg4	22 . Dg4 Sxd4
3 . exd5 exf4	13 . Dxg4 Kf8	23 . Tf1 Sxc2
4 . Sf3 Lg4	14 . Lxf4 h5	24 . Sxd5 Dc5+
5 . Le2 Ld6	15 . Dg3 cxd5	25 . Tf2 Dxd5
6 . o-o Lxf3	16 . De3 Sc6	26 . Txc2 Td8
7 . Lxf3 Sf6	17 . Lh6+ Txh6	27 . Tc1 Dd2
8 . Te1+ Le 7	18 . Dxh6+ Kg8	28 . Tf1 Dd4+
9 .De2 c6	19 . Te3 h4	o - 1
10 . Sc3 g5	20 . Dh5 Lg5	

In diesem Beispiel der Zug 7 . Lxf3 ist nicht richtig, besser wäre 7. Txf3

hier hat die weiße Figur bis zum neunzehnten Zug richtig gespielt und hat auch bis dahin das Spiel geführt, aber die richtigen Züge, die ab dem achtzehnten Zug die weiße Figur zum Sieg führen, sehen so aus:

19 . Dxh5 Lf6	27 . Sd3 f6
20 . Se2 a5	28 . Sc5 Tc6
21 . Df5 Ta6	29 . Dh5 Se 7
22 . Tf1 Se 7	30 . Se6 Dd 7
23 . Dg4+ Sg6	31 . Sxg1 Sf5
24 . c3 a4	32 . Dg6+ Dg7
25 . Sf4 Le 7	33 . Te8 #
26 . T-e1 Lg5	

In dieser Lehre soll man die Züge in der Hauptvariante langsam und vorsichtig machen, das heißt, die Attacke auf das Feld f7 soll langsam und vorsichtig gemacht werden. Ein langsamer und vorsichtiger Plan, denn der Gegner in dieser Stufe ist stark und wach.

Beispiel: 5

1 . e4 d5	11 . Dd3+ Kc8	21 . d5 Kc8	31 . Dxf4 c5
2 . exd5 Dxd5	12 . Tg3 Dh6	22 . dxc6 bxc6	32 . Sc4+ Kb7
3 . Sc3 De6+	13 . Txg4 Sxg4	23 . Le6+ Kb7	33 . Df3+ Kc7

4 . Le2 c6 f8	14 . Df5+ Sd 7	24 . Sa4 Lh6	34 . bxc5 Th-
5 . f4 Sf6	15 . Dxg4 Kc7	25 . Sc5+ Kb6	35 . Se5 Ta-d8
6 . Sf3 Dg4	16 . d4 Sf6	26 . Sb3+ Dxe3+	36 . Dc6+ Kb8
7 . Lc4 Dxg2	17 . De6 g6	27 . Dxe3+ Kc7	37 . Db5+ Ka8
8 . Lxf7+ Kd8	18 . De5+ Kd8	28 . De5+ Kb7	38 . c6 Txd1+
9 . Tg1 Dh3	19 . Le3 Dh3	29 . Sa5+ Kb6	39 . Kxd1 Tb8
10 . De2 Lg4 schwarz gibt auf	20 . 0-0-0 Dxf3	30 . b4 Lxf4+	40 . Dc4

Beispiel: 6

1 . e4 d5	11 . Kh1 o-o	21 . Dxe5 gxh6	
2 . exd5 Dxd5	12 . Tf4 Dd5	22 . Df6 Sc6	
3 . f4 De4+	13 . Ld3 c5	23 . Dg6+ Kf8	
4 . Le2 e6	14 . Txf6 cxd4	24 . Dxh6+ Kg8	
5 . Sf3 Dxf4	15 . Lxh 7+ Kxh 7	25 . Sd2 dxc3	
6 . d3 Dg4	16 . Dh5+ Kg8	26 . Tf1 Lf2	
7 . o-o Lc5+	17 . Txf7 Txf7	27 . Txf2 Ld6	
8 . d4 Lb6	18 . Dxf7+ Kh7	28 . Dg6+ Kh8	
9 . c3 Sf6	19 . Dh5+ Kg8	29 . Tf7 a6	
10 . Se5 De4	20 . Lh6 Dxe5	30 . Dh7 #	

Zwei Beispiele gegen das Programm 3DSchach in Stufe 4, die sehr vorsichtig und richtig gespielt worden sind. Da kann man sehen, dass die weiße Figur während des Spiels sehr

wach war und die Augen offen hatte, und das ist es, was im Spiel gegen einen starken Spieler sehr wichtig ist. Denn nur so kann ein Spieler die vielen Möglichkeiten, die auf dem Brett gegeben sind, sehen. Beim Schachspielen darf ein Spieler nicht einschlafen, sondern muss immer wach bleiben und die Augen offen haben.

Beispiel: 7

1 . e4 e6	11 . c 3 Sd-c6	21 . Dxe5+ Ld6	31 . Dd6+ Kc8
2 . f4 c5	12 . f5 Sxe5	22 . Dxg7 Tf8	32 . Le6+ Dxe6
3 . Sf3 Sf6	13 . fxe6+ Kxe6	23 . Sa 3 Ld7	33 . Dxe6+ Kb8
4 . e5 Sg4	14 . Te1 Sb-c6	24 . Sxc4 Dc6	34 . Ld6 #

5 . h3 Sh6	15 . Df3 c4	25 . Lxh6 De4
6 . d4 Sf5	16 . Lg6 Db6+	26 . Sxd6 Kxd6
7 . Ld3 Sxd4	17 . Kh1 Le 7	27 . Td1+ Kc 7
8 . Sg5 h6	18 . Lf 7+ Kd7	28 . Dg3+ Kc8
9 . Sxf7 Kxf7	19 . Dxd5+ Kc 7	29 . Lxf8 Kd8
10 . 0-0 d5	2o .Txe5 Sxe5	3o . Txd7+ Kxd7

In diesem Beispiel spielt das Programm 3DSchach ab dem 16ten Zug, in Stufe 5 mit der weißen Figur. Das Brett ist umgedreht worden, und das Programm zeigt, wie gut man alles in Stufe 5 sehen kann, und wie gut man all die vielen Möglichkeiten, die auf dem Brett gegeben sind, finden kann.

Beispiel: 8

1 . e4 c6	11 . cxd3 Sf5	21 . Tb1 Tc8	31 . Txa5! Txa5
2 . Sf3 d5	12 . Sc2 Kg8	22 . Lc5 Sh4	32 .Dc8+ Kf7
3 . e5 c5	13 . b4 Lb6	23 . Sd4 Sxg2	33 . fxe6+ Ke7
4 . d4 cxd4	14 . Lb2 a5	24 . Kxg2 Dh4	34 . Tf7 #

Was in diesem Beispiel in der 5 ten Stufe das Programm 3DSchach ab dem 13ten Zug auf dem Brett mit der weißen Figur schaffen kann, ist das, was für einen Spieler gutes Sehen und Wachsein bedeutet.

Beispiel : 9

1 . e4 e6	11 . Lg4 Sb6	21 . Ta-f1 b5	31 . e7 Tf7
2 . f4 c5	12 . c3 Sc6	22 . Tf7 Kh7	32 . Th8+ Kxh8
3 . Sf3 Sf6	13 . f5 exf5	23 . h3 Th-f8	33 . e8- D+ Kh7
4 . d3 d5	14 . Lxf5 Lxf5	24 . e6 cxd4	34 . Dxf7 a5
5 . e5 Sf-d7	15 . Txf5 h6	25 . cxd4 Sb4	35 . d5 a4
6 . Sg5 Le7	16 . d4 a6	26 . T1-f5 Sc2	36 . d6 a3
7 . Sxf7 Kxf7	17 . Dh5 De8	27 Lf2 b4	37 . d7 axb2
8 . Le2 Kg8	18 . Dxe8+ Txe8	28 . Txe7 Txf5	38 . Df5+ Kg8
9 . 0-0 Sc6	19 . Le3 Sc4	29 . Txe8 b3	39 . d8-D #
10 . Sa3 Sd4	20 . Sxc4 dxc4	30 . axb3 cxb3	

Hier zeigt das Programm 3DSchach in der 5 ten Stufe ab dem 14 ten Zug im Praktischen mit der weißen Figur, was für einen Spieler sehr wichtig ist. Die vielen Möglichkeiten auf dem Brett sehen zu können, ist etwas, was ein guter Spieler verstehen soll. Das kann man auch lernen von anderen Systemen. Erst in einem anderen System spielen als im Königsgambit, und dann das Spiel in die Hauptvariante umstellen. So kann man auch die vielen Möglichkeiten, die es im Spiel auf dem Brett gibt, sehen.

Beim Spielen in höheren Stufen der Schachprogramme kann man erst sehen, wie richtig das Königsgambit ist, eine richtige Verteidigung, wodurch man das Schachspielen sehr gut verstehen und lernen kann. Um Schach zu lernen, muss man so oder so eine Verteidigung wählen, und das geschieht durch das Analysieren der Verteidigung.

Beispiel: 10

In diesem Beispiel spielt das Programm 3DSchach ab dem 14ten Zug, in der 7ten Stufe mit der weißen Figur.

1 . e4 d6	11 . g5 b4	21 . f6 Db6
2 . f4 Sf6	12 . gxf6 bxc3	22 . fxg7+ Kg8
3 . d3 c5	13 . f7+ Kxf7	23 . gxh8-D Dc6
4 . Sf3 e6	14 . Lg4 Da5	24 . Dfxf8+ Kd7
5 . Sg5 Sc6	15 . b3 h6	25 . Dxe7+ Kxe7
6 . Sxf7 Kxf7	16 . Le3 Sc6	26 . Dg7+ Kd6
7 . Le2 Sd4	17 . f5 exf5	27 . Lf4+ Ke6
8 . 0-0 Kg8	18 . Lxf5 Lxf5	28 . Ta- e1+ Kf5
9 . Sc3 Ld7	19 . Df3 Se7	29 . Ld6 #
10 . g4 b5	20 . exf5 d5	

Beispiel: 11

Bei diesem Beispiel spielt das Programm 3DSchach ab dem 12ten Zug, in der 7ten Stufe mit der weißen Figur.

1 . e4 d6	11 . o-o Kg8	21 . Lxe6 #
2 . d4 Sf6	12 . c4 exf4	
3 . Ld3 c5	13 . Lxf4 Lxg5	
4 . f4 cxd4	14 . h4 Lxf4	
5 . h3 Sc6	15 . Txf4 Lh3	
6 . Sf3 e5	16 . cxd5 Sg3	
7 . Sg5 Le7	17 . dxc6 Dd5	
8 . Sxf7 Kxf7	18 . Df3 Dxf3	
9 . g4 d5	19 . Lc4+ Dd5	
10 . g5 Sxe4	20 . Lxd5+ Le6	

Der Anfang soll immer richtig sein, das heißt, die ersten Züge bis zum zwölften Zug sollen richtig sein, erst dann kann man die vielen Möglichkeiten, die in einer Variante auf dem Brett sind, vor Augen sehen, und dann ist der Sieg für die weiße Figur sicher. Für die schwarze Figur bleibt alles beim Alten, was alles im ersten Buch für die schwarze Figur vorgekommen ist, und alles das, was in Turnieren vorgekommen ist, und das, was die Regeln für die schwarze Figur sagen. Aber man kann nur durch das Analysieren des Spiels der weißen Figur das Schachspielen lernen.

Beispiel: 12

Hier spielt das Programm 3DSchach in der 8en Stufe, ab dem 21sten Zug mit der weißen Figur.

1 . e4 d6	11 . Dd2 cxd5	21 . Dh4 Dxa1	31 . Tb1+ Kc7
2 . d4 Sf6	12 . h3 Ld 7	22 . g5 Se4	32 . Lb5 Dxc2
3 . Sc3 Sb-d7	13 . 0-0 e5	23 . Lxe3 Dxa2	33 . Dxd7+ Kb7
4 . d5 c6	14 . f5 Da5	24 . f6 gxf6	34 . Le3+ Sc5
5 . Sf3 Sc5	15 . De1 Le 7	25 . gxf6 Ke8	35 . Dxd6+ Ka5
6 . Sg5 h6	16 . g4 e4	26 . f7+ Kd8	36 . Db4 #
7 . Sxf7 Kxf7	17 . Le2 Th-c8	27 . f8-D+ Kc 7	
8 . f4 Scxe4	18 . Ld2 Dc5+	28 . Dfxe7 Te8	
9 . Ld3 Sxc3	19 . Kh1 e3	29 . Df7 Da4	
10 . bxc3 Lg4	2o . Lc1 Dxc3	3o . Lxh6 Kb6	

Der Kampf ums Zentrum, das ist es, was ein Gegner immer versucht, um einen da hinein zu locken, was einem dann nur Verlust und Verlieren bringt. Der Kampf ums Zentrum bringt einen aus der richtigen Strategie und ist keine gute Idee. Niemals darauf hereinfallen, denn es ist ein Trick und ein falscher Weg zum Sieg.

Spielen mit dem g-Bauer ist, in der richtigen Zeit, eine gute Idee, aber nur, wenn man alles richtig macht.

Beispiel: 13

In diesem Beispiel spielt das Programm Hiarcs 8 in der 7 ten Stufe, ab dem 16ten Zug, mit der weißen Figur.

1 . e4 e6	11 . Lxf3 Lxg5	21 . cxd6 0-0	31 . De7 Dg4+
2 . f4 d5	12 . Lxg5 Dxg5+	22 . Dg3 Df5	32 . Tg2 Dd4+
3 . e5 Sc6	13 . Lg2 Sc4	23 . Tf1 Dh5	33 . Kh1 Kg8

64

4. Sf3 Sh6	14. Tf2 Sxb2	24. Te-f2 f5	34. Df6+ Kh6
5. d4 Ld7	15. De1 Sc4	25. exf6 g6	35. Tf3 Dd1+
6. Le2 Le7	16. Sc3 c5	26. Lxc6 bxc6	36. Tg1 De2
7. 0-0 Sa5	17. dxc5 Lc6	27. f7+ Kh8	37. Th3+ Dh5
8. f5 Sxf5	18. Te2 d4	28. Df4 Df5	38. Txh5+ Kxh5
9. g4 Sh4	19. Se4 Dg6	29. Dxd4+ e5	39. Dg5 #
10. g5 Sxf3+	20. Sd6+ Sxd6	3o. Dh4 De6	

Beispiel: 14

Hier spielt das Programm Fritz 8 in der 8ten Stufe, ab dem 20sten Zug, mit der weißen Figur.

1. e4 d5	11. Lf1 Dh6	21. Sg2 a6	31. Da3+ Kd8	41. De6+ Kd8
2. e5 Lf5	12. Ld3 Lxd3	22. g6 De8	32. Dxa6 Tb3	42. Dd7 #
3. d4 e6	13. cxd3 Dg6	23. Db3 Sdxe5	33. Da2 Db7	
4. Sf3 Sd7	14. 0-0 Se7	24. Dxd5+ Kf8	34. Se6+ Ke7	
5. Sg5 c5	15. Sd2 Kg8	25. Sf4 Lf6	35. Sc5 Db8	
6. Sxf7 Kxf7	16. Sf3 Sc6	26. Se6+ Ke7	36. Sxb3 Tc8	
7. f4 cxd4	17. Sh4 Df7	27. Sf4 Dd7	37. Lf4 Db5	
8. Le2 Tc8	18. g4 Le7	28. Db3 b5	38. Ta-c1 Dxd3	
9. Ld3 Dh4+	19. g5 h6	29. a4 Tb8	39. Sc5 Sf3+	
10. g3 Dh3	20. g6 De8	30. axb5 Txb5	40. Txf3 Dxf3	

Manchmal gewinnt die weiße Figur eine Partie am Ende des Spiels mit den Bauern. Solche Partien dauern immer, und da soll der gute Spieler geduldig sein. Da soll der Spieler gut rechnen können und wach bleiben.

Beispiel: 15

In diesem Beispiel spielt das Programm Fritz 8 in der 7ten Stufe, ab dem 16ten Zug mit der weißen Figur.

1. e4 c6	16. Dxd5+ Dxd5	31. Kh2 Tb8	46. b6 Ke6
2. f4 d5	17. Sxd5 Sd4	32. b4 Ke8	47. b7 Kd7
3. e5 Lf5	18. Le3 Sc2	33. T1-d3 h6	48. b8-D Ke 7
4. d4 e6	19. Ta-c1 Sxe3	34. Tc7 Td8	49. Dc7+ Kf6
5. Sf3 c5	20. Sxe3 Le7	35. Txd8+ Sxd8	50. Dh7 Ke6

6 . Sg5 Da5+	21 . Tc7 Sg4	36 . f5 g5	51 . Dxh6+ Ke7
7 . c3 cxd4	22 . Sxf5 Th e8	37 . f6 Lf8	52 . Dxg5+ Kf7
8 . Sxf7 dxc3	23 . h3 Sh6	38 . Ta 7 Sc6	53 . Df5+ Ke8
9 . Sxc3 Kxf7	24 . Sd6+ Kf8	39 . Ta8+ Kf 7	54 . g5 Kd8
10 . Le2 Sc6	25 . Sxe8 Txe8	40 . e6+ Kxe6	55 . Df6+ Kc7
11 . 0-0 Dc5+	26 . g4 g6	41 . Txf8 Se5	56 . g6 Kb 7
12 . Kh1 Sb4	27 . Txb7 Sf7	42 . b5 Sd7	57 . g7 Ka 7
13 . Lg4 Sh6	28 . Txa7 Tc8	43 . Tc8 Sxf6	58 . g8-D Kb 7
14 . Lxf5 exf5	29 . Td1 Sd8	44 . Tc6+ Kf7	59 . Dh7+ Kb8
15 . a3 Sc6	30 . Ta-d7 Sc6	45 . Txf6+ Kxf6	60 . Df8 #

Hier schafft die aktive Seite des Bauern durch das Figurenopfern die Möglichkeit zur Umwandlung, was dann zum Sieg führt.

Das Angreifen auf die Schwachpunkte ist eine wichtige Sache. Die schwachen Punkte kann man mit klugen Zügen am Anfang in der Eröffnungsphase des Spiels in der gegnerischen Stellung bauen und so in der Stellung des Gegners schwache Häuser machen und sie dann ausnutzen.

Beispiel: 16

In diesem Beispiel spielen Morphy, P gegen Chamouillert & Versailles im Jahre 1858.

1 . e4 e6	11 . Ta-d1 Le7	21 . Txe6 Lxg5
2 . d4 d5	12 . Tf-e1 a6	22 . Txg6+! Kf8
3 . exd5 exd5	13 . Df4 Sh5	23 . Dxh5 Tc7
4 . Sf3 Sf6	14 . Dh4 g6	24 . Sxg5 T8-e7
5 . Ld3 Ld6	15 . g4 Sf6	25 . Dh6+ Ke8
6 . 0-0 0-0	16 . h3 Tc8	26 . Tg8+
7 . Sc3 c5	17 . a3 Te8	1- 0
8 . dxc5 Lxc5	18 . Se2 h5	
9 . Lg5 Le6	19 . Sf4 Sh7	
10 . Dd2 Sc6	20 . Sxe6 fxe6	

Noch ein Beispiel in diesem Bereich, da die Beispiele die große Weisheit schaffen.

In diesem Beispiel spielen Atwood, G gegen Wilson, J im Jahre 1798.

Beispiel: 17

1. e4 e5	11. Lxh6 Lxh6	21. Tf-e1 Ta7
2. Sf3 d6	12. Td1 De7	22. Df4 Sa6
3. d4 f5	13. Lc4 b5	23. Df7+ Dxf7
4. dxe5 fxe4	14. Lb3 a5	24. exf7+ Kf8
5. Sg5 d5	15. a4 Lg7	25. fxg8-D #
6. e6 Sh6	16. Dxe4 Lxc3+	
7. Sc3 c6	17. bxc3 bxa4	
8. Sgxe4 dxe4	18. La2 Lb7	
9. Dh5+ g6	19. 0-0 c5	
10. De5 Tg8	20. Dc4 Lc6	

Beispiel: 18

Hier spielen Anderssen, A. gegen Morphy, P. im Jahre 1858.

1. e4 c5	11. Df3+ Sf6
2. d4 cxd4	12. Lc4 Sd4
3. Sf3 Sc6	13. Sxf6+ d5!
4. Sxd4 e6	14. Lxd5+ Kg6
5. Sb5 d6	15. Dh5+ Kxf6
6. Lf4 e5	16. fxe3 Sxc2+
7. Le3 f5	17. Ke2
8. S1-c3 f4	1-0
9. Sd5! fxe3	
10. Sb-c7+ Kf7	

Und die restlichen Züge wären diese gewesen:

17. Sxa1

18. Dxe5+ Kd7

19. De6 #

Was sind die Endspiele: Die Endspiele, in denen die weiße Figur nur zwei oder drei Schwerfiguren hat mit weniger Bauern, sollen studiert werden, besonders die Bauernendspiele sollen geübt werden. Und da muss man die Beispiele, die lang sind, intensiv studieren, um es zu lernen.

Dafür gibt es gute Endspielprogramme, womit man es sehr gut üben kann. Die Endspiele sollen nie zu einem Remis führen, und dafür soll der Spieler sehr gut alles rechnen können.

Und bei den Endspielen darf der Spieler nicht einschlafen, sondern muss wach bleiben.

Beispiel: 19

Bei diesem Beispiel spielen Bourdonnais, L. gegen Macdonnell, A . im Jahre 1834:

1 .e4 e5	26 . Th4 g5	51 . Te3 Tb6	76 . Txh6 Kg7
2 . Sf3 Sc6	27 . Txh3 g4	52 . f4 Th7	77 . Th7+ Kg8
3 . Lc4 Lc5	28 . Th4 gxf3+	53 . h5 Tg7	78 . Kc3 Th4
4 . b4 Lxb4	29 . Dxf3 Db5	54 . Kh4 Ta6	79 . Kd3 Tb4
5 . c3 Lc5	30 . Th-e4 Th7	55 . Tf3 Tb6	80 . Ke3 Ta4
6 . 0-0 d6	31 . Df5 Tg7	56 . Tc3 Tg8	81 . Kf3 Tb4
7 . d4 exd4	32 . Te 7 Dxa5	57 . Tc6 Txc6	82 . Kg3 Ta4
8 . cxd4 Lb6	33 . Txb7! Dd8	58 . dxc6 Ke6	83 . Tf7 Tb4
9 . d5 Sc-e7	34 . Txa7 Dg5	59 . f5+ Ke5	84 . Tf4 Tb1
10 . e5 Sg6	35 . Dxg5 Txg5	60 . c 7 Tc8	85 . Kg4 Tg1+
11 .Lb2 dxe5!	36 . Te-e7 Tf5	61 . Txf7 d5	86 . Kh4 Kg7
12 . Lxe5 Sf6	37 . g4 Tf6	62 . Td7 d4	87 . Tf7+ Kg8
13 . Lxf6 Dxf6	38 . Te2 Tb5	63 . g5 Kxf5	88 . Tf3 Kg7
14 . Te1+ Kf8	39 . Td2 Kg7	64 . g6 Ke6	89 .Tg3 Ta1
15 . Sb-d2 Lf5	40 . Td7 Tb4	65 . Txd4 Txc7	90 . Tg4 Tb1
16 . Db3 h6	41 . h3 Kg6	66 . Tf4 Ta 7	91 . Te4 Tg1
17 . a4 Tb8	42 . Td3 Tc4	67 . Tf8 Ta4+	92 . Te3 Kh6
18 . a5 Lc5	43 . f3 Ta4	68 . Kg3 Ta3+	93 . Te7 Th1+
19 . Ld3 Sf4	44 . Kg3 Tb4	69 . Kf4 Ta4+	94 . Kg4 Tg1+
20 . Lxf5 Dxf5	45 . h4 Ta4	70 . Ke3 Ta3+	95 . Kf5 Tf1+
21 . Se4 Dg4	46 . Td8 Kg7	71 . Kd4 Ta4+	96 . Ke6 Kxa5
22 . g3 Sh3+	47 . Te3 Ta6	72 . Kc3 Ta3+	97 . g7 Tg1
23 . Kg2 Ld6	48 . Te-e8 Tg6	73 . Kc4 Ta4+	98 . Kf7 Tf1+
24. Sxd6 cxd6	49 . Te7 Kf6	74 . Kb3 Tg4	99 . Ke8 Tg1
25 . Ta4 Dd7	50 . Td-d7 Tg7	75 . Th8 Kf6	100 . Kf8 1- o

Beispiel: 20

Hier spielen Lewis, W. gegen Williams, P. im Jahre 1819:

1. e4 e5	21. b4 Db6	41. Td2 Tf1	61. d5 Kf6
2. f4 exf4	22. Dd4 Dxd4	42. Se4+ Kd5	62. Kd4 Ke7
3. Sf3 g5	23. cxd4 Se4	43. Sc3+ Ke6	63. dxc6 Kd6
4. Lc4 Lg7	24. Tf3 Sxg3	44. Sd1 Lb3	64. c7 Kxc7
5. d4 d6	25. Txg3 a5	45. Te2+ Kf6	65. Kc5
6. c3 c6	26. Ta3 a4	46. Tf2+ Txf2	1-0
7. 0-0 De7	27. Sd2 Le6	47. Sxf2 Ke6	
8. Se1 h5	28. Se4 b5	48. Kf3 Ld5+	
9. h4 f6	29. Sc5 Ld5	49. Se4 Kf5	
10. Lxg8 Txg8	30. Tf1 Ke7	50. g4+ Ke6	
11. Dxh5+ Kd8	31. Te3+ Kd8	51. Ke3 La2	
12. hxg5 fxg5	32. a3 Ta7	52. Sxg5+ Kd5	
13. Sf3 Tf6	33. Tf2 Te7	53. Kd3 Lb1+	
14. e5 dxe5	34. Txe7 Kxe7	54. Kc3 Lg6	
15. Sxe5 Lxe5	35. Td2 Lc4	55. Sf3 Ke6	
16. dxe5 Dxe5	36. Kf2 Tf8+	56. Se5 Le8	
17. Lxf4 Dc5+	37. Kg3 Tf5	57. g5 Kf5	
18. Tf2 Sd7	38. Se4 Ke6	58. g6 Kf6	
19. Lg3 Sf6	39. Sc3 Kd6	59. Kd3 Lxg6+	
20. Dd1+ Ld7	40. Td1 Tf4	60. Sxg6 Kxg6	

Was bedeutet planen: planen ist sehr wichtig, und das soll man verstehen.

Den besten Plan zu suchen, heißt nämlich, die beste Verteidigung zu wählen, nämlich die, die sinnvoller ist; die, die besser auf die gegnerischen Züge antwortet, die das Spiel auf dem Brett führen; die, die schneller ist, und die, die alles nicht kompliziert macht und deshalb zum Sieg führt. In dieser Hinsicht sind alle die Verteidigungen, in denen es um das Zentrum kämpfen, gute Pläne. Einen von denen soll man wählen, aber nur in der Eröffnungsphase; dann muss die Verteidigung umgestellt werden; dann soll alles auf das Feld f7 gezielt werden. Und dieses gilt genauso, wenn der Spieler das Spiel mit dem Zug d4 anfängt.

Die drei Gruppen - offene Spiele : alle Eröffnungen, in denen zu Anfang die schwarze Figur auf 1. e4 mit e5 antwortet.

Die halboffenen Spiele: alle Eröffnungen, in denen zu Anfang die schwarze Figur auf 1. e4 nicht mit e5 antwortet, sondern mit einem anderen beliebigen Zug.

Die geschlossenen Spiele: alle Eröffnungen, in denen zu Anfang die weiße Figur nicht mit dem Zug 1 . e4 eröffnet. Und so hat man einen klaren Blick auf die Eröffnungsphase des Spiels, also darauf, wie man das Spiel anfangen soll und welche Verteidigung zur Eröffnung gewählt werden muss.

OFFENE SPIELE:

Das Königsgambit

1 . e4 e5

2 . f4 exf4

Das Zweispringerspiel

1 . e4 e5

2 . Sf3 Sc6

3 . Lc4 Sf6

Die Italienische Verteidigung

1 . e4 e5

2 .Sf3 Sc6

3 . Lc4 Lc5

Die Spanische Verteidigung

1 . e4 e5

2 . Sf3 Sc6

3 . Lb5 ...

Das Evansgambit

1 . e4 e5

2 . Sf3 Sc6

3 . Lc4 Lc5

4 . b4 ...

Die Ungarische Partie

1 . e4 e5

2 . Sf3 Sc6

3 . Lc4 Le7

Die Philidor-Verteidigung

1 . e4 e5

2 . Sf3 d6

Das Läuferspiel

1 . e4 e5

2 . Lc4

Das Vierspringerspiel

1 . e4 e5

2 . Sf3 Sc6

3 . Sc3 Sf6

Das Dreispringerspiel

1 . e4 e5

2 . Sf3 Sc6

3 . Sc3 Lb4

Die Ponziani-Verteidigung

1 . e4 e5

2 . Sf3 Sc6

3 . c3 ...

Die Schottische Verteidigung

1 . e4 e5

2 . Sf3 Sc6

3 . d4 exd4

4 . Sxd4 ...

Das Schottische Gambit

1 . e4 e5

2 . Sf3 Sc6

3 . d4 exd4

4 . Lc4 ...

Die Russische Verteidigung

1 . e4 e5

2 . Sf3 Sc6

Das Lettische Gambit

1 . e4 e5

2 . Sf3 f5

Die Wiener Partie

1 . e4 e5

2 . Sc3

Das Mittelgambit

1 . e4 e5

2 . d4 exd4

3 . Dxd4

Das Nordische Gambit

1 . e4 e5

2 . d4 exd4

3 . c3 dxc3

4 . Lc4 cxb2

5 . Lxb2 ...

HALBOFFENE SPIELE:

Die Französische Verteidigung

1 . e4 e6

2 . d4 d5

Die Sizilianische Verteidigung

1 . e4 c5

daraus die Drachenvariante

1 . e4 c5

2 . Sf3 d6

3 . d4 cxd4

4 . Sxd4 Sf6
5 . Sc3 g6

Die Caro Kann Verteidigung

1 . e4   c6

2 . d4   d5

Die Skandinavische Verteidigung

1 . e4   d5

2 . exd5 ...

und meistens folgt immer 2 . ... Dxd5

Die Aljechin-Verteidigung

1 . e4   Sf6

Die Nimzowitsch-Verteidigung

1 . e4   Sc6

Die Pirtsch-Ufimzew-Verteidigung

1 . e4   d6

2 . d4   Sf6

3 . Sc3   g6

Eine sehr gute Verteidigung, um für die schwarze Figur zu eröffnen; sie beinhaltet die meisten richtigen Züge der schwarzen Figur.

Und als Beispiel diese Folge, was meistens vor kommt:

4 . Sf3   Lg7

5 . Le2   0-0

6 . 0-0   c6

GESCHLOSSENE SPIELE:

Das Damengambit

1 . d4   d5

2 . c4 ...

Die Orthodoxe Verteidigung

1 . d4   d5

2 . c4   e6

Die Cambridge-Springs-Variante

1 . d4   d5

2 . c4   e6

3 . Sc3 Sf6

4 . Lg5 Sb-d7

5 . e3   c6

6 . Sf3 Da5

Die Slawische Verteidigung

1 . d4   d5

2 . c4   c6

Die Tarrasch-Verteidigung

1 . d4   d5

2 . c4   e6

3 . Sc3 c5

Das Albins Gegengambit

1 . d4   d5

2 . c4   e5

3 . dxe5 ...

Die Königsindische Verteidigung

1 . d4   Sf6

2 . c4   g6

3 . Sc3 Lg7

4 . e4   d6

Die Grünfeld-Verteidigung

1 . d4   Sf6

2 . c4   g6

3 . Sc3 d5

Die Damenindische Verteidigung

1 . d4   Sf6

2 . c4   e6

3 . Sf3 b6

Die Nimzoindische Verteidigung

1 . d4 Sf6

2 . c4 e6

3 . Sc3 Lb4

Die Ragosin-Verteidigung

1 . d4 Sf6

2 . c4 e6

3 . Sc3 d5

4 . Sf3 Lb4

Die Holländische Verteidigung

1 . d4 f5

2 . c4 e6

Das Staunton-Gambit

1 . d4 f5

2 . e4 fxe4

3 . Sc3

Die Reti-Verteidigung

1 . Sf3 d5

2 . c4

Die Bird-Verteidigung

1 . f4

Das Froms Gambit

1 . f4 e5

2 . fxe5 d6

Das Budapester Gambit

1 . d4 Sf6

2 . c4 e5

Die Sokolski-Verteidigung

1 . b4 ...

Die Englische Verteidigung

1 . c4 ...

Die vielen Verteidigungen sind alle verschiedene Pläne, die alle in ihrem Sinne gut und richtig sind; nur die, die das Spiel in den Kampf ums Zentrum führen, sollen vermieden werden.

Wie versteht man einen Plan: zuerst eine von den vielen Verteidigungen wählen. Am Anfang des Spiels heißt es sich einen Plan vornehmen, der auf eine Täuschung aus ist und die Züge des Gegners in eine falsche Richtung führt, wodurch der Gegner Tempo und Zeit verliert. Nämlich eine Idee, die wie eine Attacke auf die Königsposition des Gegners langsam und indirekt gerichtet ist, ohne dass der Gegner es merkt. Und dann das Spiel umstellen.

Mit dem Zug e2 nach e4 am Anfang sagt man: Ich weiche nicht von der Hauptverteidigung, was in diesem Buch auch als Königsgambit gemeint ist.

Mit dem Zug d2 nach d4 am Anfang sagt man: Ich täusche total.

Und niemals in einen Kampf um das Zentrum eintreten, denn es kann sein, dass der Gegner sehr stark ist, und das führt dann eventuell zum Gewinn für den Gegner.

Wichtig ist, dass man den Gegner in seinem Plan weiter fortfahren lässt, um so Zeit und Tempo zu gewinnen.

Beispiel: 21

hier spielen Fischer, R . gegen Najdorf im Jahre 1962:

1 . e4 c5	11 . 0-0 d5	21 . Td6 Dd8
2 . Sf3 d6	12 . Te1 e5	22 . Db3 Dc7
3 . d4 cxd4	13 . Da4+ Sd7	23 . Lxf7+ Kd8
4 . Sxd4 Sf6	14 . Txe4 dxe4	24 . Le6
5 . Sc3 a6	15 . Sf5 Lc5	1-0
6 . h3 b5	16 . Sg7+ Ke7	
7 . Sd5 Lb7	17 . Sf5+ Ke8	
8 . Sxf6+ gxf6	18 . Le3 Lxe3	
9 . c4 bxc4	19 . fxe3 Db6	
10 . Lxc4 Lxe4	20 . Td1 Ta7	

Beispiel: 22

In diesem Beispiel Bourdonnais, L. gegen Macdonnell, A . im Jahre 1834:

1 . d4 d5	11 . Se5 Sb-d 7	21 . Txh5 Dg6+
2 . c4 dxc4	12 . Sxg6 hxg6	22 . e4 Sd5
3 . e3 e5	13 . h4 Sb6	23 . Tf-h1 Lh6
4 . Lxc4 exd4	14 . Lb3 Sf-d5	24 . g6 f5

5. exd4 Sf6	15. h5! Sxe3	25. Sxd5 cxd5
6. Sc3 Le7	16. fxe3 Lh4+	26. Lxd5+ Kh7
7. Sf3 o-o	17. Kd2 gxh5	27. Txh6+ gxh6
8. h3 c6	18. Df3! Lg5	28. Txh6+ Dxh6
9. Le3 Lf5	19. Ta-f1 Dxd4+	29. gxh6
10. g4 Lg6	20. Kc2 Df6	1 - 0

Das Spiel eröffnen: Wie fängt man das Spiel an, das heißt vielmehr: Wie fängt man an, eine Verteidigung aufzubauen, die später mehr Möglichkeiten eröffnet und auch beweglicher ist. Fängt so eine Verteidigung mit dem Zug e2 nach e4 an, oder soll die Verteidigung besser mit dem Zug d2 nach d4 am Anfang beginnen. Die Folge im zweiten Zug kommt besser mit Sf3, oder nach der Antwort der schwarzen Figur ist der Zug Sc3 besser. Wird im dritten Zug mit d4 alles ordentlicher oder komplizierter? usw.

Dieses alles hat man Jahre lang in vielen Verteidigungen erforscht. Daraus folgern wir in dieser Lehre die beste Verteidigung und schlagen die besten Züge vor, die für die weiße Figur am besten sind, und auch solche, die für die schwarze Figur am besten sind.

Beispiel: 23

Hier spielt Sarrat, J. gegen einen Unbekannten im Jahre 1818:

1. e4 e5	11. Dh5+ Kf8
2. f4 exf4	12. Lxd5 De7
3. Sf3 g5	13. 0-0 Lxd4+
4. Lc4 Lg7	14. Le3+ Lf6
5. h4 g4	15. gxf6 Sxf6
6. Sg5 Sh6	16. Lh6+ Dg7
7. d4 f6	17. Df7 #
8. Lxf4 fxg5	
9. Hxg5 Sg8	
10. Dxg4 d5	

Beispiel: 24

Und hier spielt ein Unbekannter gegen Sarrat, J. im Jahre 1810:

1. e4 e5	11. Db5 c6	21. Tf1 Dc5

2 . f4 exf4	12 . De2 f3	22 . Dd4 Dxd4
3 . Sf3 g5	13 . gxf3 Tg8+	23 . cxd4 Lxc1
4 . Lc4 g4	14 . Kh1 d5	24 . Taxc1 Kd 7
5 . 0-0 gxf3	15 . Sa3 Sg6	25 . f4 Lg4
6 . Dxf3 Lh6	16 . Df2 Sf4	26 . Tc3 Se4
7 . e5 Sc6	17 . Te1 Le6	27 . Tg3 Le2
8 . c3 De7	18 . Dd4 Sh3	28 . Te1 Lf3+
9 . Dd5 Sxe5	19 . Dh4 Lg5	29 .Txf3 Sh-f2+
10 . Lb3 Sf6	20 . Da4 Lxd2	30 . Txf2 Sxf2 #

Und jetzt viel Spaß beim Schachspielen.

EINIGE BEISPIELE MIT DEN SCHACHPROGRAMMEN

Beispiel: 25

Hier spielt das Programm 3DSchach, in der 6 ten Stufe, ab dem 16 ten Zug mit der weißen Figur.

1 . e4 d5	12 . g5 Sg8	22 . Sxd4 Txh4	32 . Txa7 Tg5	42 . Sf6+ Kh8
2 . e5 c5	13 . h4 h6	23 . Sxc6 Tg4+	33 . Sxd4+ Kf8	43 . Ta8 #
3 . f4 Lf5	14 . De1 hxg5	24 . Kf2 Dxe1+	34 . Sa3 Txb5	
4 . Sf3 Sc6	15 . Lxg5 Lxg5	25 . Txe1+ Kd7	35 . Saxb5 Tf6	
5 . d3 e6	16 . Sxg5 De7	26 . Se7+ Kc7	36 . a4 Le8	
6 . Le2 Le7	17 . d4 cxd4	27 . Sxg8 f4	37 . Sc7 Tf7	
7 . 0-0 Sh6	18 . e6 fxe6	28 . Te7+ Kc8	38 . Sd-e6+ Kg8	
9 . g4 b6	19 . La6 Tc7	29 . Txg7 d4	39 . Tg1+ Kh8	
10 . c3 Tc8	20 . Sxe6 Td7	30 . Se7+ Kd8	40 . Sxe8 Th7	
11 . f5 exf5	21 . Lb5 Txh4	31 . Sc6+ Ke8	41 . Tg8+ Kxg8	

Beispiel: 26

Hier spielt das Programm 3DSchach in der 6 ten Stufe, ab dem 12 ten Zug mit der weißen Figur.

1 . e4 d5	11 . Sg5+ Kg8	21 . Dxf7+ Kxf7	31 . Txg7 Kb8
2 . exd5 Dxd5	12 . Dxg4 Le7	22 . Sd6+ Ke7	32 . Sxc7 Txc7
3 . Sc3 Dd8	13 . Le3 e5	23 . Sxc8+ Kd7	33 . Lf4
4 . d4 Sf6	14 . Dh4 Lxg5	24 . Sxa7 Sa6	1 - 0
5 . f4 c6	15 . fxg5 exd4	25 . Td1+ Kc7	
6 . Sf3 e6	16 . Dxd4 Dc7	26 . a3 c5	
7 . Ld3 Ld6	17 . g6 fxg6	27 . Sxb5+ Kb6	
8 . 0-0 0-0	18 . Dc4+ Tf7	28 . a4 Sc7	
9 . g4 Sxg4	19 . Se4 b5	29 . Td6+ Kb7	
10 . Lxh7+ Kxh7	20 . Txf7 Dxf7	30 . Td7 Tc8	

Beispiel : 27

Hier spielt das Programm 3DSchach in der 7 ten Stufe , ab dem 11 ten Zug mit der weißen Figur.

1 . e4 e5	11 . Kh1 g6	
2 . f4 d6	12 . e5 dxe5	
3 . Lc4 c6	13 . Lxe5 Dd5	
4 . Lxf7+ Kxf7	14 . Lxf6+ Kd7	
5 . Sf3 exf4	15 . c4 Dc5	
6 . d4 Db6	16 . Sd-e4+ Dd6	
7 . o-o Sf6	17 . Sxd6 Lxd6	
8 . Sg5+ Ke7	18 . c5 Kc7	
9 . Lxf4 Dxb2	19 . Dxd6 #	
10 . Sd2 Dxd4+		

Beispiel: 28

Hier spielt das Programm 3DSchach in der 7 ten Stufe, ab dem 11 ten Zug, mit der weißen Figur.

1 . e4 e5	11 . 0-0 La6	21 . De5+ Kh6	31 . d5+ Kxd5
2 . f4 d6	12 . Sd2 d5	22 . Dxh8 De7	32 . Dd4 #
3 . Lc4 c6	13 . Sxe4 dxe4	23 . Txe2 bxc3	
4 . Lxf7+ Kxf7	14 . c3 g6	24 . bxc3 Db7	
5 . Sf3 exf4	15 . Tf2 Sd7	25 . Txe4 Ld6	
6 . d4 Sf6	16 . Db3+ Kg7	26 . Th4+ Kg5	
7 . Sc3 b5	17 . De6 Lxe2	27 . Tg4+ Kf5	
8 . h3 b4	18 . Le5+ Sxe5	28 . Tf1+ Ke6	
9 . Se2 Sxe4	19 . Dxe5+ Kg8	29 . Te1+ Kd5	
10 . Lxf4 Kg8	20 . De6+ Kg7	30 . c4+ Kxc4	

Beispiel : 29

Hier spielt das Programm Fritz 8 in der 7 ten Stufe, ab dem 15 ten Zug , mit der weißen Figur.

1 . e4 c6	16 . Dxd5+ Dxd5	31 . Kh2 Tb8	46 . b6 Ke6
2 . f4 d5	17 . Sxxd5 Sd4	32 . b4 Ke8	47 . b7 Kd7
3 . e5 Lf5	18 . Le3 Sc2	33 . T1-d3 h6	48 . b8–D Ke7
4 . d4 e6	19 . Ta-c1 Sxe3	34 . Tc7 Td8	49 . Dc7+ Kf6
5 . Sf3 c5	20 . Sxe3 Le7	35 . Txd8+ Sxd8	50 . Dh7 Ke6
6 . Sg5 Da5+	21 . Tc7 Sg4	36 . f5 g5	51 . Dxh6+ Ke7
7 . c3 cxd4	22 . Sxf5 Th-e8	37 . f6 Lf8	52 . Dxg5+ Kf7
8 . Sxf7 dxc3	23 . h3 Sh6	38 . Ta7 Sc6	53 . Df5+ Ke8
9 . Sxc3 Kxf7	24 . Sd6+ Kf8	39 . Ta8+ Kf7	54 . g5 Kd8
10 . Le2 Sc6	25 . Sxe8 Txe8	40 . e6+ Kxe6	55 . Df6+ Kc7
11 . 0-0 Dc5+	26 . g4 g6	41 . Txf8 Se5	56 . g6 Kb7
12 . Kh1 Sb4	27 . Txb7 Sf7	42 . b5 Sd7	57 . g7 Ka7
13 . Lg4 Sh6	28 . Txa7 Tc8	43 . Tc8 Sxf6	58 . g8–D Kb7
14 . Lxf5 exf5	29 . Td1 Sd8	44 . Tc6+ Kf7	59 . Dh7+ Kb8
15 . a3 Sc6	30 . Ta-d7 Sc6	45 . Txf6+ Kxf6	60 . Df8 #

Beispiel: 30

Hier spielt das Programm Deep Junior 7, in der 8ten Stufe, ab dem 11ten Zug mit der weißen Figur.

1 . e4 d5	11 . Lxc7 Kxc7	21 . De8 Dd7	31 . Se5 #
2 . exd5 Dxd5	12 . Dd2 e5	22 . d6+ Dxd6	
3 . Sf3 De4+	13 . d5 Sb4	23 . Ta-d1 Sd4	
4 . Le2 Sc6	14 . Sb5+ Kb8	24 . Sxf7 Sxe2+	
5 . 0-0 Df5	15 . c4 Sh5	25 . Kh1 De7	
6 . d4 Sf6	16 . De3 b6	26 . Da8 Tg8	
7 . Ld3 Dh5	17 . Sxe5 Sc2	27 . Dxa7+ Kc6	
8 . Sc3 Lg4	18 . Sc6+ Ka8	28 . Da4+ Kc7	

9 . Le2 0-0-0	19 . Sc7+ Kb7	29 . Td5 Le6
10 . Lf4 Df5	20 . Sxd8+ Kxc7	30 . Da7+ Kc6

Beispiel: 31

In diesem Beispiel spielt das Programm 3DSchach in der 9ten Stufe, ab dem 13ten Zug mit der weißen Figur.

1 . e4 e6	11 . Df3 Sd5	21 . Dg4 Dc5+
2 . f4 d5	12 . Tf1 Sxb4	22 . Tc2 De7
3 . Sf3 dxe4	13 . Le4 Sd5	23 . Lxd5 cxd5
4 . Sg5 Sf6	14 . Sd2 La5	24 . Txe6 Db7
5 . Sxf7 Kxf7	15 . Lb2 b5	25 . Te8+ Kf7
6 . Le2 Kg8	16 . a4 b4	26 . De6 #
7 . d3 Lc5	17 . cxb4 Lxb4	
8 . c3 exd3	18 . 0-0-0 Lxd2+	
9 . Lxd3 c6	19 . Txd2 La6	
10 . b4 Lb6	20 . Te1 Dd6	

Beispiel: 32

In diesem Beispiel spielt das Programm 3DSchach in der 12 ten Stufe, ab dem 11 ten Zug , mit der weißen Figur.

1 . 1 . e4 e6	11 . Sd2 Ld7	21 . Dxe3 Db6
2 . f4 d5	12 . Dh5+ g6	22 . Txd7+ Ke8
3 . Sf3 dxe4	13 . Dxc5 b6	23 . Dxb6 cxb6
4 . Se5 Sf6	14 . Dc4 Dd6	24 . Tf-d1 Kf8
5 . Sxf7 Kxf7	15 . Sf3 a6	25 . Tf7+ Kg8
6 . d3 Lc5	16 . Le3 b5	26 . Td-d7 h5
7 . c3 exd3	17 . De4 Sa5	27 . Tg7+ Kf8
8 . Lxd3 Sc6	18 . Se5+ K e7	28 . Sxg6+ Ke8
9 . g4 Sxg4	19 . o-o Sc4	29 . Tg-e7 #
10 . Dxg4 Dxd3	20 . Ta-d1 Sxe3	

Beispiel: 33

Hier spielt das Programm 3DSchach in der 12ten Stufe, ab dem 16ten Zug, mit der weißen Figur.

1 . e4 e6	11 . Lc2 e5	21 . Kxd2 Sd4
2 . f4 d5	12 . c4 De	22 . Lxe5 Sb3+
3 . Sf3 dxe4	13 . f5 De6	23 . Kc3 Sa3
4 . Se5 Sf6	14 . Lg5 Sd4	24 . Dh5+ Kf8
5 . Sxf7 Kxf7	15 . Df2 Sb3	25 . Lxg7+ Ke7
6 . d3 Lc5	16 . Dh4 Sxa1	26 . f6+ Kd7
7 . c3 exd3	17 . Le4 Td4	27 . Dd5+ Ke8
8 . Lxd3 Sc6	18 . Lxf6 Sc2+	28 . f7+ Ke7
9 . a3 Dd5	19 . Ke2 Da4	29 . f8 D #
10 . De2 Td8	20 . Sd2 Txd2+	

Beispiel: 34

Hier spielt das Programm 3Dschach in der 17ten Stufe, ab dem 19ten Zug, mit der weißen Figur.

1 . e4 e6	11 . Lh5+ g6	21 . Lxc5 + Kd8
2 . Sf3 c5	12 . Lg4 Sg3	22 . Lb6+ Kc8
3 . h4 Sc6	13 . Tf1 Sxf1	23 . Dd6 c3+
4 . Sg5 h6	14 . Kxf1 Lc5	24 . Ke1 Dxb6
5 . Sxf7 Kxf7	15 . dxc4 dxc4	25 . Sxb6+ Kd8
6 . f4 d5	16 . Sc3 a6	26 . Dxd7 #
7 . e5 Sg-e7	17 . h5 gxh5	
8 . Ld3 c4	18 . Lxh5+ Ke7	
9 . Le2 Sf5	19 . Le3 Ld7	
10 . d3 Db6	20 . Sa4 Db5	

Beispiel: 35

Hier spielt das Programm 3DSchach in der 17 ten Stufe, ab dem 11 ten Zug, mit der weißen Figur.

1 . e4 c5	11 . Le2 Sc6	21 . Dh8+ Kf8
2 . f4 e6	12 . c3 Db6	22 . Th7 #
3 . Sf3 d5	13 . h5 c4	
4 . e5 Sh6	14 . dxc4 d4	
5 . d3 Le7	15 . Ld3 Tf-d8	
6 . h3 Sf5	16 . De4 g6	
7 . g4 Sh4	17 . hxg5 hxg5	
8 . g5 Sxf3+	18 . f5 exf5	
9 . Dxf3 0-0	19 . Dh4 f6	
10 . h4 Ld7	20 . e6 Lxe6	

ZWEITER TEIL

DIE BESTEN SPIELE VON PAUL MORPHY

Paul Morphy, wurde geboren 1837 in New Orleans, USA , und starb dort mit 47 Jahren im Jahre 1884. Ein Spieler, der nur wenige Jahre gespielt hat und schnell von der Schachbühne zurücktrat,
aber die besten Partien auf die Bühne gebracht hat.

Einige schöne Beispiele aus den Spielen Morphys:

Morphy, P. gegen Carpentier, C ., New Orleans 1849:

1 . e4 e5   11 . Lxf7+ Ke7

2 . Sf3 Sc6   12 . Sg6+ Kxf7

3 . d4 exd4   13 . Sxh8 #

4 . Lc4 Lb4+

5 . c3 dxc3

6 . 0-0 cxb2

7 . Lxb2 Lf8

8 . e5 d6

9 . Te1 dxe5

10 . Sxe5 Dxd1

Morphy, P. gegen Morphy, A ., New Orleans 1849:

1 . e4 e5	13 . exd6 cxd6	25 . dxe5 Dc6	37 . h5 d3
2 . Sf3 Sc6	14 . Se4 d5	26 . e6 Kg7	38 . Dg5 Td8
3 . Lc4 Lc5	15 . Sf6+ gxf6	27 . g4 Dc3	39 . h6 d2
4 . b4 Lxb4	16 . Lxe7 Dxe7	28 . g5! Dxa1+	40 . Df6 Tg-d7
5 . c3 Lc5	17 . Lxf5 Sc4	29 . Kg2 Df6	41 . Lf5 d1-D
6 . d4 exd4	18 . Te1 Dd6	30 . gxf6+ Kxf6	42 . h7+ Txh7
7 . cxd4 Lb6	19 . Se5 fxe5	31 . exf7 Txf7	43 . Le6+ Tf7

8 . 0-0 Sa5	20 . Dg4+ Kh8	32 . Dg6+ Ke7	44 . Lxf7+ Kh7
9 . Ld3 Se7	21 . Dh5 Kg7	33 . De6+ Kf8	45 . Dg6+ Kh8
10 . Sc3 o-o	22 . Dg5+ Kh8	34 . Dxh6+Tg7+	46 . Dh6 #
11 . La3 d6	23 . Dh5 h6	35 . Lg6 Kg8	
12 . e5 Lf5	24 . Txe5 Sxe5	36 . h4 d4	

Morphy, P. gegen Morphy, A., New Orleans 1849:

1 . e4 e5	11 . La3 Le6	21 . Tf8 #
2 . Sf3 Sc6	12 . Sc3 Dd7	
3 . Lc4 Lc5	13 . d5! Lxd5	
4 . b4 Lxb4	14 . Sxd5 Dxd5	
5 . c3 Lc5	15 . Lb5+ Dxb5	
6 . d4 exd4	16 . Te1+ Se7	
7 . cxd4 Lb6	17 . Tb1 Da6	
8 . 0-0 Sa5	18 . Txe7+ Kf8	
9 . Ld3 d5	19 . Dd5 Dd4	
10 . exd5 Dxd5	20 . Txf7+ Kg8	

Morphy, P. gegen Morphy, E., New Orleans 1848:

1 . e4 e5	11 . d5 Lxe3
2 . Sf3 Sc6	12 . dxc6 Lb6
3 . Lc4 Lc6	13 . e5 dxe5
4 . c3 d6	14 . Db3 Te7
5 . 0-0 Sf6	15 . Lxf7+Txf7
6 . d4 exd4	16 . Sxe5 De8
7 . cxd4 Lb6	17 . cxb7 Lxb7
8 . h3 h6	18 . Ta-e1 La6
9 . Sc3 0-0	19 . Sg6 Dd8
10 . Le3 Te8	20 . Te7 1 – 0

Morphy, P. gegen McConnell, L., New Orleans 1849:

1. e4 e5	11. Sc3 Sf6	21. Sfxd5 Db7
2. f4 exf4	12. Le3 Se7	22. Sf6+ Lxf6
3. Sf3 g5	13. Kf2 c6	23. exf6+ Kf8
4. h4 g4	14. Te1 Lg7	24. Dd6+ Kg8
5. Se5 h5	15. e5 dxe5	25. Te7 Dc8
6. Lc4 Th7	16. dxe5 Sf-d5	26. Tc7 Df5
7. d4 d6	17. Lxd5 cxd5	27. Dxc6 Dxc2+
8. Sd3 f3	18. Lc5! Lc6	28. Ke3 Td8
9. g3 Sc6	19. b4 b6	29. Td1 1-0
10. Sf4 Ld7	20. Lxe7 Dxe7	

Morphy, P. gegen McConneell, L., New Orleans 1849:

1. e4 e5	11. Sxd4 De7	21. Lxc5+ Ka5
2. Sf3 Df6	12. Se4 h6	22. Tg3 b5
3. Sc3 c6	13. Sf5 De6	23. Ta3 #
4. d4 exd4	14. Sf-d6+ Lxd6	
5. e5 Dg6	15. Sxd6+ Kd8	
6. Ld3 Dxg2	16. Le4 De7	
7. Tg1 Dh3	17. Sxf7+ Kc7	
8. Tg3 Dh5	18. Dd6+ Dxd6	
9. Tg5 Dh3	19. exd6+ Kb7	
10. Lf1 De6	20. Le3+ c5	

McConnell,L. gegen Morphy, P., New Orleans 1849:

1. e4 e5	11. De2+ Le6	21. Kg1 Sh3+
2. f4 exf4	12. Lb3 0-0	22. Kh1 Dg1+
3. Sf3 g5	13. d4 Se4	23. Txg1 Sf2 #
4. Lc4 Lg7	14. Lc2 f5	
5. d3 h6	15. Sb-d2 Sc6	
6. 0-0 Sf6	16. c4 Lxd4+	
7. c3 b5	17. Sxd4 Sxd4	

8 . Lxb5 c6   18 . Dd3 Db6

9 . Lc4 d5   19 . Kh1 Sxc2

10 . exd5 cxd5   20 . Dxc2 Sf2+

Morphy, P. gegen Rousseau, E., New Orleans 1849:

1 . e4 e5   11 . Df7+ Kd7   21 . Te5+ Kh6

2 . Sf3 Sc6   12 . De6+ Kc7   22 . Lc1+ g5

3 . Lc4 f5   13 . Dxe5+ Dd6   23 . Txg5 1 - o

4 . d3 Sf6   14 . Dxd6+ Kxd6

5 . 0-0 d6   15 . Sf7+ Ke6

6 . Sg5 d5   16 . Sxh8 exd3

7 . exd5 Sxd5   17 . cxd3 Kf6

8 . Sc3 Sc-e7   18 . b4 Le6

9 . Df3 c6   19 . Te1 Lg8

10 . Sc-e4! Fxe4 20 . Lb2+ Kg5

Morphy, P. gegen Rousseau, E., New Orleans 1849:

1 . e4 e5   11 . Kd1 Kd8

2 . f4 exf4   12 . Te1 Dc5

3 . Sf3 g5   13 . Lxg8 d5

4 . h4 g4   14 . Te8+ Kxe8

5 . Sg5 h6   15 . Dxc8+ Ke7

6 . Sxf7 Kxf7   16 . Sxd5+ Kd6

7 . Dxg4 Df6   17 . Dc7 #

8 . Lc4+ Ke7

9 . Sc3 c6

10 . e5 Dxe5+

Morphy,P. gegen einen Unbekanten, New Orleans 1849:

1 . e4 e5   11 . Kd2 gxf3

2 . f4 exf4   12 . Dxf3 Lg4

3 . Sf3 g5	13 . De3 Le7	
4 . h4 g4	14 . Sc3 c6	
5 . Se5 h5	15 . Ta-f1 f5	
6 . Lc4 Sh6	16 . exf5 Sxf5	
7 . d4 d6	17 . De6 Sxd4	
8 . Sd3 f3	18 . Dxg4 fxg4	
9 . gxf3 Le7	19 . Txh8+ Kd7	
10 . Lf4 Lxh4+	20 . Txd8+ 1 – o	

McConnell, L. gegen Morphy, P., NewOrleans 1850:

1 . e4 e6	6 . Sf3 Ld7	11 . Dd3 Lxb4+
2 . d4 d5	7 . a3 Sh6	12 . axb4 Sxb4
3 . e5 c5	8 . b4 cxd4	13 . Dd2 Tc2
4 . c3 Sc6	9 . cxd4 Tc8	14 . Dd1 Se3
5 . f4 Db6	10 . Lb2 Sf5	0 - 1

McConnell, L. gegen Morphy, P., New Orleans 1850:

1 . e4 e5	11 . Lb3 Lg4	21 . Kg1 Tf-g8
2 . Sf3 Sc6	12 . h3 Lh5	22 . Tf2 Dg3+
3 . Lc4 Lc5	13 . Dd5 Lg6	23 . Kf1 Sd3
4 . b4 Lxb4	14 . Se5 Sxe5	24 . Txe8+Txe8
5 . c3 La5	15 . Dxa5 Dg5	25 . Lxf7+ Kh8
6 . o-o Sf6	16 . Kh1 Le4	0 - 1
7 . d4 0-0	17 . f3 Lxf3	
8 . dxe5 Sxe4	18 . gxf3 Dg3	
9 . La3 d6	19 . Sd2 Sf5	
10 . exd6 Sxd6	20 . Ta-e1 Dxh3+	

Mc Connell, L. gegen Morphy, P., New Orleans 1850:

1 . e4 e6	10 . Lb2 Sf5
2 . d4 d5	11 . Dd8 Lxb4+
3 . e5 c5	12 . axb4 Sxb4

4 . c3   Sc6   13 . Dd2   Tc2

5 . f4   Db6   14 . Dd1   Sc3

6 . Sf3 Ld7   0 - 1

7 . a3   Sh6

8 . b4   cxd4

9 . cxd4 Tc8

Morphy, P. gegen Morphy, E., New Orleans 1850:

1 . e4 e5	11 . Lxf6 Dxf6	21 . g3 hxg3	31 . Dxg4+ Kh8
2 . Sf3 Sc6	12 . Sb-d2 g5	22 . hxg3 Th8	32 . Dxf4 Dc6
3 . Lc4 Lc5	13 . dxe5 Lxe5	23 . Sc4 Dc5	33 . Df6+ Kh7
4 . o-o Sf6	14 . Ta-c1 g4	24 . e5 b5	34 . Se4 Txf7
5 . b4 Lxb4	15 . Sxe5 Sxe5	25 . Sd2 Th3	35 . Sg5+ Kg8
6 . c3 Ld6	16 . Lb3 h5	26 . Se4 Db6	36 . D xf7+ Kh8
7 . d4 De7	17 . Te3 h4	27 . Lxf7 Lb7	37 . Df8 #
8 . Lg5 0-0	18 . Tf1 Kg7	28 . Sf2 Sxf4	
9 . Te1 a6	19 . f4 Db6	29 . Df5 Tf8	
10 . Dc2 h6	20 . Te1 Sg6	30 . e6 dxe6	

Morphy, P. gegen Morphy, E., New Orleans 1850:

1 . e4 e5	11 . Dxc3 Df6	21 . Dc6+ Dd7
2 . Sf3 Sc6	12 . e5! dxe5	22 . Tb8 Dxc6
3 . Lc4 Lc5	13 . Tf-e1 Ld7	23 . Te7+ Kf8
4 . b4 Lxb4	14 . Ta-b1 0-0-0	24 . Txd8+ De8
5 . c3 La5	15 . La6! Sa5	25 . T7 xe8 #
6 . d4 exd4	16 . Te-c1 Lc6	
7 . 0-0 Lxc3	17 . Dxa5 bxa6	
8 . Sxc3 dxc3	18 . Dxa6+ Kd7	
9 . La3 d6	19 . Txc6! Df5	
10 . Db3 Sh6	20 . Txc7+ Ke8	

Morphy, P. gegen einen Unbekannten, New Orleans 1850:

90

1 . e4 e5
2 . Sf3 Sc6
3 . Lc4 Sf6
4 . Sg5 d5
5 . exd5 Sxd5
6 . Sxf7 Kxf7
7 . Df3+ Ke6
8 . Sc3 Se7
9 . 0-0 c6
10 . d4 exd4
11 . Te1+ Kd7
12 . Sxd5 Sxd5
13 . Lxd5 cxd5
14 . Dxd5+ Kc7
15 . Lf4+ Ld6
16 . Dc5+ Kb8
17 . Dxd6+ Dxd6
18 . Lxd6 #

Morphy, P. gegen einen Unbekannten, New Orleans 1850:

1 . e4 e5
2 . Sf3 Sc6
3 . d4 Sxd4
4 . Sxe5 Se6
5 . Lc4 Sf6
6 . Sxf7 Kxf7
7 . Lxe6+ Ke8
8 . Lb3 Lc5
9 . e5 De7
10 . 0-0-0 Sg8
11 . Sc3 c6
12 . Se4 b5
13 . Sd6+ Kd8
14 . Lg5
1 - 0

Morphy, P. gegen Maurian, C., New Orleans 1854:

1 . e4 e5
2 . Lc4 Lc5
3 . d4 Lxd4
4 . Sf3 Sc6
5 . c3 Lb6
6 . Sg5 Sh6
7 . Dh5 Df6
8 . Tf1 0-0
9 . f4 Dg6
10 . Df3 d6
11 . f5 Df6
12 . Dg3 Ld7
13 . Sxh7 Kxh7
14 . Lg5 Dxg5
15 . Dxg5 f6
16 . Dh5
1 - 0

Maurian, C. gegen Morphy, P., New Orleans 1854:

1 . e4 g6	11 . Lg5 Le5	
2 . d4 c5	12 . h3 Sh2	
3 . d5 Lg7	13 . Lh6 Te8	
4 . Ld3 b5	14 . Td1 Lxh3	
5 . c4 b4	15 . gxh3 Sf3+	
6 . a3 Da5	16 . Kh1 Dd8	
7 . Dd2 d6	17 . Sd2 Dd7	
8 . Se2 Sh6	18 . Sg1 Sxg1	
9 . 0-0 0-0	19 . Kxg1 Dxh3	
10 . Dc2 Sg4	0 – 1	

Morphy, P. gegen Ayers, D., 1855:

1 . e4 e5	11 . dxc6 Dxe4+	21 . Tb1 Sf6
2 . Sf3 Sc6	12 . Kd1 Lg4+	22 . Lc6+ Dxc6
3 . Lc4 Lc5	13 . f3 Lxf3+	23 . Ka1+ Kc7
4 . b4 Lxb4	14 . gxf3 Dxf3+	24 . Da5+ Kc8
5 . c3 La5	15 . Kc2 De4+	25 . Dxa7 Sd7
6 . d4 d6	16 . Kb2 Lxc3+	26 . Ld2
7 . Db3 De7	17 . Sxc3 dxc3+	
8 . d5 Sd4	18 . Dxc3 0-0-0	
9 . Lb5+ c6	19 . Te1 Dd5	
10 . Sxd4 exd4	20 . cxb7+ Kxb7	

Morphy, P. gegen Meek, A., 1855:

1 . e4 e5	10 . Dd2 Lxg5	11 . hxg5 Sf7
2 . f4 exf4		12 . Lxf7+ Kxf7
3 . Sf3 g5		13 . Df4+ Kg8
4 . Lc4 Lg7		14 . o-o De7
5 . h4 g4		15 . Sc3 c6
6 . Sg5 Sh6		16 . Ta-e1 d6
7 . d4 f6		17 . Sd5! cxd5

8 . Lxf4 fxg5   18 . exd5

9 . Lxg5 Lf6   1 – o

Meek, A. gegen Morphy, P., 1855:

1 . e4 e5	11 . Db3+ d5	21 . Se3 Ke8
2 . Sf3 Sc6	12 . f3 Sa5	0 - 1
3 . d4 exd4	13 . Dd3 dxe4	
4 . Lc4 Lc5	14 . fxe4 Dh4+	
5 . Sg5 Sh6	15 . g3 Txe4+	
6 . Sxf7 Sxf7	16 . Kf2 De7	
7 . Lxf7+ Kxf7	17 . Sd2 Te3	
8 . Dh5+ g6	18 . Db5 c6!	
9 . Dxc5 d6	19 . Df1 Lh3!	
10 . Db5 Te8	20 . Dd1 Tf8	

Morphy, P. gegen einen Unbekannten, New Orleans 1855:

1 . e4 e5	10 . Ld8 Lg4	19 . Sxf6+ gxf6
2 . Sf3 Sc6	11 . Le3 Df6	20 . Lxf6
3 . Lc4 Lc5	12 . Sd5 Dd8	1 - 0
4 . b4 Lxb4	13 . h8 Lxf3	
5 . c3 Lc5	14 . Dxf3 Sf6	
6 . d4 exd4	15 . Lg5 Lxd4	
7 . cxd4 Lb6	16 . e5 ! Lxc5	
8 . 0-0 d6	17 . Tf- e1 0-0	
9 . Sc3 Sa5	18 . Txc5 dxc5	

Morphy, P. gegen Knight, T., New Orleans 1856:

1 . e4 e5	11 . 0-0 Lh6
2 . f4 exf4	12 . b3 Sd7
3 . Sf3 g5	13 . La3+ c5
4 . Lc4 De7	14 . Td1 Sxe5
5 . d4 d5	15 . Lxc5+ Ke6

6 . Lxd5 c6   16 . De8+ Se7
7 . Lxf7+ Dxf7   17 . d5 #
8 . Se5 Df6
9 . Dh5+ Ke7
10 . h4 gxh4

Thompson, J. gegen Morphy, P., New York 1857:

1 . e4 e5   11 . exf5 d5!   21 . De2 Dxh1
2 . Sf3 Sc6   12 . Lb3 e4   0 - 1
3 . Lc4 Lc5   13 . dxe4 dxe4
4 . d3 Sf6   14 . Sg1 Se5
5 . Sc3 h6   15 . Le3 Sd3+
6 . Se2 d6   16 . Ke2 Lxe3
7 . c3 0-0   17 . fxe3 Dh4
8 . h3 Kh8   18 . Sxe4 Dxe4
9 . Sg3 Sh7   19 . Dxd3 Dxg2+
10 . Dc2 f5   20 . Kd1 Lxf5

Morphy, P. gegen Perrin, A., New York 1857:

1 . e4 e5   11 . Sf-g5 Sd7   21 . Lxe5 #
2 . f4 exf4   12 . Sxf7! Sg-f6
3 . Sf3 d5   13 . Sf-d6+ Kf8
4 . exd5 Dxd5   14 . Sxf5 Sxe4+
5 . Sc3 De6+   15 . Txe4 Lxf5
6 . Kf2 Df6   16 . Dh5+ g6
7 . Lc4 c6   17 . Dh6+ Ke8
8 . Se4 Df5   18 . Txe7+ Kxe7
9 . Te1 Le6   19 . Dg7+ Kd6
10 . d4 Le7   20 . Lxf4+ Se5

Morphy, P. gegen Perrin, A., New York 1857:

1. e4 e6	11. Tg1 De8	21. Txg7+ Sxg7
2. f4 d5	12. g4 fxe5	22. Dh7+ Kf8
3. e5 Sc6	13. dxe5 Df7	23. Dh8+ Dg8
4. d4 Sh6	14. Df1 Ld7	24. fxg7+ Kf7
5. Sf3 f6	15. Dh3 Lg5	25. Lg6+
6. c3 Le7	16. Sxg5 De7	1 - o
7. Ld3 0-0	17. Sxh7 Le8	
8. 0-0 Sa5	18. g5 Sf5	
9. a3 a6	19. Sf6+ Txf6	
10. Kh1 b5	20. gxf6 Df7	

Stanley, C. gegen Morphy, P., New York 1857:

1. e4 e5	11. Sh2 g5	21. Sf3 Kg7
2. Sf3 Sc6	12. Lg3 h5	22. g4 Sf8
3. Lc4 Lc5	13. Sh-f3 h4	23. Kg2 Sg6
4. c3 Sf6	14. Sxh4 gxh4	24. Lg5 Sf7
5. d3 d6	15. Lxh4 Kg7	25. h4 Sxg5
6. h3 0-0	16. Df3 Th8	26. hxg5 Sf4+
7. Lg5 Lb6	17. Dg3+ Kf8	27. Kg3 Th3 #
8. Sb-e2 Le6	18. Dg5 Sd7	
9. 0-0 h6	19. Lxe6 fxe6	
10. Lh4 Kh8	20. Dxd8+ Sxd8	

Morphy, P. gegen einen Unbekannten, New York 1857:

1. e4 e5	11. Lg5 Df8
2. Sf3 Sc6	12. Tf-d1 Kd6
3. d4 Sxd4	13. De4 Df7
5. Lc4 Sf6	14. c4 Kc6
6. Sxf7 Kxf7	15. Txd5 Kb6
7. Lxe6+ Kxe6	16. Txc5 c6

8 . e5 Lc5   17 . De5 Te8

9 . 0-0 Sd5   18 . Tb5+

10 . Dg4+ Kxe5   1 – o

Morphy, P. gegen Morphy, A ., New Orleans 1858:

1 . e4 e5   10 . Df7 Le6

2 . Sf3 Sc6   11 . Lxe6 Sxe6

3 . Lc4 Sf6   12 . Se4+ Kd5

4 . Sg5 d5   13 . c4+ Kxe4

5 . exd5 Sxd5   14 . Dxe6 Dd4

6 . Sxf7 Kxf7   15 . Dg4+ Kd3

7 . Df3+ Ke6   16 . De2+ Kc2

8 . Sc3 Sd4   17 . d3+ Kxc1

9 . Lxd5+ Kd6   18 . o-o #

Morphys matt :

1 . Dxf6! gxf6

2 . Tg1+ K h8

3 . Lxf6#96